Franciscan Institute Publications

No. 2

THE

TRACTATUS DE PRAEDESTINATIONE ET DE PRAESCIENTIA DEI ET DE FUTURIS CONTINGENTIBUS

OF WILLIAM OCKHAM

Edited
with a Study on the Mediaeval Problem
of a Three-valued Logic

by

PHILOTHEUS BOEHNER, O. F. M.

1945
THE FRANCISCAN INSTITUTE
ST. BONAVENTURE COLLEGE
ST. BONAVENTURE, N. Y.

Imprimi potest.
Fr. Bertrand Campbell, O. F. M., Minister Provincial.

Nihil obstat.
Henry J. Zolzer, Censor.

Imprimatur.
✠ Thomas H. McLaughlin, Bishop of Paterson.

April 4, 1945.

PRINTED IN THE UNITED STATES OF AMERICA
BY ST. ANTHONY GUILD PRESS, PATERSON, N. J.

PREFACE

We are witnessing an appreciable, though still too slow, change in the evaluation of the Scholasticism of the fourteenth century on the part of modern historians. It seems that a main rôle in the redressing of a century-old injustice and prejudice will be played by logicians who are grounded, not primarily in Scholastic Logic as it is so poorly presented in current textbooks, but in modern Logic as it has recently developed. It is this modern Logic (whose association with various kinds of Positivism is only accidental and traceable to some individuals) which best qualifies a historian to weigh the achievements of the past in the field of logical research. It is not devoid of a certain irony that the standard work on the history of Scholastic Logic and on the history of Logic in the west in general,[1] was written not only with a complete lack of this indispensable knowledge, but with a ruinous miscomprehension of the character of formality of Logic, together with an aversion for Catholic and Scholastic thought. The result is that this work is almost valueless except for biographical and bibliographical details, and for the many quotations in the footnotes; it is utterly misleading in its treatment of logical problems. Prantl, as Lukasiewicz justly remarks, was completely at a loss to understand the epochal discovery of the logic of propositions by the Stoics. This ancient logic of propositions is at least equal to the formalization of syllogistics by Aristotle, and has, as it seems, deeply influenced all the Scholastics, though mainly the later Scholastics since the end of the thirteenth century. For the *tractatus de consequentiis* of the Scholastics is partly a revival, or at most a rediscovery, of this logic.

All students of mediaeval thought are indebted to a group of Polish logicians who, under the leadership of Lukasiewicz, have taught us to see Scholastic Logic in a new and better light, and thus have prepared a way to a better and more just appreciation of this glorious (though by no means perfect) period of Christian Philosophy. As the result of this movement, three personalities, at least, assume a new and more important significance in Logic, namely, St. Albert the Great, Petrus Hispanus (later Pope John XXI) and William Ockham.[2] Outstanding

---

1. *Geschichte der Logik im Abendlande*, by Prantl (Leipzig, 1855 *et seq.*).
2. This list, of course, is open for further additions. It seems that Walter Burleigh and Albert of Saxony should be added. Cf. Philotheus Boehner, O. F. M., "El Sistema de Lógica Escolástica. Estudio Historico y critico," in *Revista de la Universidad Nac. de Córdoba,* 31 (1944), pp. 1-24.

research work has been done, for example, by Fr. J. M. Bochenski, O. P., and Fr. J. Salamucha.[3]

In the present monograph, No. 2 of the Franciscan Institute Publications, some documents of one small part of the history of mediaeval Logic are edited and discussed. Though they concern the theologian as well as the logician, we are editing them here primarily for their bearing on Logic. This will explain why we have abstained almost entirely from the discussion of purely theological and psychological problems; and, further, it will explain the choice of the additional texts in the appendices. Even as to the logical problems contained in this text, the discussions have been confined mostly to the one problem of the three-valued logic. Since we felt that a treatment of the logic of modalities, which plays a major part in the tract edited here, would exceed the limits of this volume, we reserve it for a later systematic study on the logic of Ockham. For the time being, we refer the interested student to Fr. Bochenski's important study,[4] or the abstract of this book.[5] In order to provide the theologian with more evidence, we have also edited (in Appendix I) the entire text of Distinctions 38 and 39 of the *Ordinatio* of Ockham, which are important also as regards the psychology of will.

The discussions are presented as a help for the understanding of the difficult texts. Hence we abstained from the use of symbolism as much as possible, since symbolic language, though more precise than ordinary language, is still not common enough among Neo-Scholastics and theologians. In the last part of the discussions, however, we used such a simple symbolism that it should not create too great an obstacle. In any case, it was necessary there.

There remains the welcome task of thanking all those who have made this publication possible. I am greatly indebted to Professor E. Gilson of Paris, to whom I owe all the photostats of the Paris manuscripts; to the Pontifical Institute of Mediaeval Studies at Toronto; to the directors of various libraries for their kind co-operation, especially to Reverend Irenaeus Herscher, O. F. M., of the Friedsam Memorial Library of St. Bonaventure College, for his untiring help; to Professor C. I. Lewis of Harvard University for valuable suggestions; to my superiors who encouraged and supported my work; and to Reverend Sebastian Day, O. F. M., who prepared the manuscript for publication.

---

3. Cf. H. Scholz, "Die mathematische Logik und die Metaphysik," *Philosophisches Jahrbuch der Görresgesellschaft,* 51 (1938), pp. 266 *et seq.*

4. *Z historji logik modalnych* (Lwow, 1938, Wydawnictow Oo. Dominikanow).

5. "Notes historiques sur les propositions modales," *Revue des Sciences Philosophiques et Théologiques,* 26 (1937), pp. 673-692.

I welcome this opportunity of thanking the Editorial Department of St. Anthony Guild Press for their excellent care and help in putting this monograph through the press.

With sincere gratitude I dedicate this small contribution to the Very Reverend Mathias Faust, O. F. M., Delegate General of the Order of Friars Minor in North and Central America, who has never failed to use an opportunity to advance studies, particularly those of a Franciscan character.

PHILOTHEUS BOEHNER, O. F. M.

Franciscan Institute
St. Bonaventure College
The Feast of St. Francis, 1944

CONTENTS

INTRODUCTION

I. THE BASIS OF THE TEXT

The following critical edition of the *Tractatus de Praedestinatione et de Praescientia Dei et de Futuris Contingentibus* is based on the one previously printed text and eight manuscripts. These are (with their sigla noted in the margin):

A   Erfurt Amploniana, Fol. 345 (cf. *Katalog*, Schum, p. 242), written about 1360 on vellum in two columns in a half-current hand. Fol. 155ra-156vb. The manuscript is anonymous and contains only the first part of the *Tractatus*.

B   Basel Stadtbibliothek, F. II.24, written in a much contracted half-current hand of the fourteenth century in two columns on vellum. Fol. 17ra-21ra. Cf. Philotheus Boehner, O. F. M., *The Tractatus de Successivis, attributed to William Ockham* (Franciscan Institute Publications, No. 1), The Franciscan Institute, St. Bonaventure College, St. Bonaventure, N. Y., 1944, p. 27.

P   Paris Bibl. Nat., f. lat. 14 715, written on vellum in two columns in a gothic hand of the fourteenth century. Fol. 82ra-85vb.

P$_1$ Paris Bibl. Nat., f. lat. 16 130, written before 1350 on vellum in two columns in a gothic hand. Fol. 140va-142ra. Cf. L. Baudry, "Le Tractatus de principiis theologiae attribué à G. Occam," in *Etudes de Philosophie Médiévale* (E. Gilson), t. XXIII, Vrin, Paris, 1936, pp. 9 *et seq.* Cf. also Philotheus Boehner, O. F. M., *op. cit.* The manuscript contains only the first part of the *Tractatus*.

P$_2$ Paris Bibl. Nat., f. lat. 14909, written on paper in one column in a gothic hand of the fifteenth century. Fol. 82r-85v. The manuscript contains only the first part of the *Tractatus*.

P$_3$ Paris Bibl. Nat., f. lat. 14580, written on paper and vellum in a half-current hand of the fifteenth century in two columns. Fol. 110va-114ra.

P$_4$ Paris Bibl. Nat., f. lat. 14579, written in a current hand of the fifteenth century on paper and vellum in one column. Fol. 345r-348r.

V   Vaticana Ottoboni 176, written on vellum in a half-current hand of the fourteenth century in two columns. Fol. 88ra-90ra.

E   The printed edition of the *Tractatus* is to be found in the *Expositio Aurea* of William Ockham, edited by Fr. Marcus de Benevento, after the first book of *Perihermenias,* Bologna, 1496.

The manuscripts *Bruges* 496 (fol. 297ra-300va) *De praedestinatione,* and 499 (fol. 1ra-17ra) *De scientia Dei,* etc., were not available
for examination.

If the earlier printed edition (E) may be considered as having the
value of at least a late manuscript, we may say that we used nine manuscripts for the first part of our text, and — since A, P and P_1 do not
have the second part — that we used six manuscripts for the second
part of our text. The value of the texts of the manuscripts, of course,
varies considerably. After a preliminary study we concluded that B
was the best manuscript, and determined upon it as the basic text.
We abstained, nevertheless, from following it slavishly. V likewise
represents a good text, but it cannot, in our opinion, displace B, even
though at times it surpasses B.

To establish a definite *stemma* representing the relation of the nine
texts is beyond our power. The following relations can, however, be
definitely ascertained:

A is so closely related to B that it is either a copy of B, or (and
this seems to be more probable) it is a copy of the same original that
was used by the scribe of B.

P_3 and P_4 are in the same relation as A and B.

P_2 seems to be more closely related to V than to any other manuscript, and P, P_2 and V lead in the opposite direction from B gradually
to P_3 and P_4, without, however, constituting an unbroken line of de-
scent. P_1, too, is related to all the other Paris manuscripts, but is in
some way a link between them and A and B.

In any case, B has proven a good text, usually seeming better than
any other. Therefore, we have followed it, abandoning it only when
the context clearly required such a departure, or when the agreement
of all the other manuscripts militated against B(A).

We thought it useless to include all the variants in the footnotes.
After the first few sentences, only the important variants (which
means, as a rule, those of the better manuscripts P_1 and V) are given.
Of B all the variants are noted, except the really unimportant ones,
like *ergo, igitur, ille, iste.*

II. THE AUTHENTICITY OF THE *Tractatus de Praedestinatione et de Praescientia Dei et de Futuris Contingentibus*

The authenticity of our tract can hardly be denied. Only one manuscript (A) is anonymous, but it is incomplete. Since all the other manu-

scripts attribute the *Tractatus* to Ockham, and no other documentary reason militates against it, the external historical proof is unanimous.

Against its authenticity, however, might be cited two additions which are in the better manuscripts, B and V, to be found in *Quaestio III*,D (see note 35) and *Quaestio IV*,B (see note 50): in these Ockham is quoted. But these variations can easily be explained away as originally marginal notes which, as often happens in mediaeval manuscripts, were added to the text by scribes copying mechanically. The position of these additions — at the end of a paragraph — lends great weight to this theory. That it is not a mere surmise may be proved from parallel cases in the manuscripts A and B. In *Quaestio I*, P (see note 45), the marginal note, "solutio quae tenetur," of B is added to the text in A, and is disturbing the context in both manuscripts; in *Quaestio II*,E (see note 29), the marginal note, "tertius articulus," was inserted by the scribe of B into the text.

Since the doctrine of the *Tractatus* is in complete agreement with the teachings of the *Venerabilis Inceptor* as given elsewhere, the inner criterion confirms what is established by the documentary evidence. The content of the tract, insofar as logical problems are concerned, will be discussed separately and *in extenso*.

The division of the *Tractatus* presents a special problem. After much hesitation, we determined upon the one here adopted as the most fitting. The place of the *Suppositiones*, it would seem, should be at the beginning; but we did not change it, following the testimony of all manuscripts.

The time of composition of this tract is unknown. Even its relation in time to the other works of Ockham is uncertain. We can, however, reasonably suppose that it was written after the *Commentary on the Sentences*.

THE
TRACTATUS DE PRAEDESTINATIONE
ET DE PRAESCIENTIA DEI ET DE
FUTURIS CONTINGENTIBUS

[TRACTATUS DE PRAEDESTINATIONE ET DE PRAESCIENTIA DEI ET DE FUTURIS CONTINGENTIBUS][1]

A   Circa[2] materiam de praedestinatione et praescientia[3] est advertendum, quod ponentes praedestinationem passivam et praescientiam passivam[4] esse respectus[5] reales in praedestinato et praescito habent necessario concedere[6] contradictoria.* Probatio assumpti:[7] Accipio aliquem praedestinatum modo, et[8] sit A, et quaero,[9] utrum[10] A[11] possit peccare per finalem impoenitentiam aut[12] non. Si[13] non, ergo necessario salvabitur, quod est absurdum. Si[14] sic,[15] ponatur[16] quod peccet.[17] Hoc posito, haec est vera: A est reprobatus.[18] Et tunc quaero:[19] utrum respectus[20] realis praedestinationis sit corruptus[21] vel non. Si non, ergo[22] manet in A reprobato, et per consequens A[23] simul erit[24] reprobatus et praedesti-

---

*Cf. Ockham, *I Sent.*, d. 30, q. 2, C, simile argumentum; cf. etiam *Summa Logicae*, III(3), c. 31 (ed. Venet., 1508, fol. 90ra).

1. Titulum om. APP₁P₃P₄V; *Tractatus Occam de praedestinatione et praescientia Dei* B; *Incipit tractatus magistri guilhermi ocham de praedestinatione et praescientia Dei* P₂; *Quaestio prima de futuris contingentibus edita a doctore plusquam subtili M. Guilielmo de Ocham* E.
2. *Quia circa* PP₃P₄; *quam* add. P₂.
3. *scientia* ABP₄; *de...*/om. P₂; *sunt opiniones diversae ideo* add. PP₃P₄.
4. om. V; *et...*/om. P₂; pro seq. *et* P₁.
5. *res* AP; *respectum (realem)* P₂P₄.
6. *duo* add. E.
7. *Probatur* P₃P₄.
8. *qui* P₂; seq. "et" om. PP₁V; *tunc* add. E.
9. *modo* add. P₂.
10. om. V.
11. om. P₃P₄; pro seq. *potest* P₂P₃P₄V; *modo* add. P₂.
12. *vel* PP₁; sequenti *econverso* add. P₂.
13. *dicatur quod* add. P; *dicas quod* add. P₃P₄.
14. *dicatur quod* add. P; *dicas quod* add. P₃P₄.
15. *igitur* add. P₂.
16. *tunc* add. P₃P₄; *inesse* add. PP₃P₄V.
17. *et* add. V.
18. *improbatus* AB; *reprobatum* P₃P₄.
19. *quaerendum est* V.
20. *res* P.
21. *corruptibilis* P; seq. "vel non" om. P₃P₄; *aut* ABP₂.
22. om. AB.
23. om. P₃P₄.
24. *est* P₃P₄; *esset* E.

natus; quia[25] si talis respectus sit respectus[26] realiter existens in A,[27] potest A[28] ab illo[29] denominari. Si corrumpatur, saltem[30] semper erit verum dicere postea,[31] quod talis respectus[32] fuit in A; quia secundum Philosophum[33]* 6° Ethicorum: "Hoc solo privatur Deus, ingenita facere, quae facta sunt." Quod est sic intelligendum: quod si aliqua propositio mere de inesse et de praesenti et non aequivalens uni de futuro sit vera modo, ita quod sit vera de praesenti, semper erit vera de praeterito; quia si haec propositio sit modo vera: Haec res est, quacumque re demonstrata,[34] semper postea erit haec vera: Haec res fuit; nec potest Deus de potentia sua absoluta facere, quod haec propositio sit falsa. Cum ergo haec aliquando fuit vera: Iste respectus est in A, ergo haec semper erit vera: Iste respectus fuit in A; ergo haec est[35] semper vera: A fuit praedestinatus, nec potest esse falsa per quamcumque potentiam. Et tunc ultra sequitur: Iste est modo reprobatus; ergo semper erit verum post illud instans:[36] Iste fuit reprobatus. Et ita in eodem instanti[37] illae duae erunt[38] verae: A fuit praedestinatus,[39] A fuit reprobatus; et ultra:[40] ergo fuit praedestinatus et non praedestinatus, reprobatus et non reprobatus. Nec aliquo[41] modo potest solvi ista ratio ponendo praedestinationem et praescientiam[42] esse respectus reales.

---

*Cf. l.c., cap. 2 (ed. Didot, t. 2, p. 67).

---

25. *et* P₁.
26. *res* PP₁P₃P₄; om. P₂; pro seq. *realis* P₂.
27. *anima* ABPP₁.
28. om. P₂V.
29. *ipso* P₃P₄. (Abhinc solummodo variantes maioris momenti praesertim secundum MSs. ABP₁P₂ et E notabuntur.)
30. om. PP₁P₃P₄E.
31. *prius* AP₂E.
32. *res* E; om. PP₁P₃P₄.
33. *Augustinum . . . Confessionum* AB.

34. quacumque.../om. PP₁P₃P₄E; *quandocumque demonstrabitur* V (et supra *respectus* pro "res," et similiter in seq. V).
35. *erit* PP₃P₄E (P corr. pro "fuit"; *iste...semper vera*/om. V).
36. om. P₂VE.
37. *erit verum dicere* add. E.
38. *essent* APP₃P₄; supra "duae" om. P₃P₄V; *simul* add. PP₃P₄.
39. *et* add. ABP₂.
40. et ultra/om. E.
41. *alio* AP₃P₄ (corr. B); seq. om. E.
42. et praescientiam/om. V; *passivam* add. P₂; pro seq. *res* AP.

[QUAESTIO PRIMA SEU DUBIUM PRIMUM]

B   Tamen contra praedicta sunt aliqua dubia.

Primum: Videtur, quod aequaliter concludit contra negantes tales respectus sicut contra ponentes eos. Quia accipio aliquem existentem in caritate — iste est praedestinatus[43] — quaero tunc: utrum caritas potest[44] corrumpi vel non; et sive sic sive non, sequitur conclusio prius deducta.[45]

Dico, quod supponit falsum, scilicet[46] quod omnis habens caritatem est praedestinatus, quia hoc est falsum,[47] sicut ista: Omnis peccans mortaliter est reprobatus, quia Petrus et Paulus peccaverunt mortaliter et tamen numquam[48] fuerunt reprobati; et similiter Iudas aliquando meruit, et tamen tunc non fuit praedestinatus. Quia istae propositiones aequivalent[49] aliquibus de futuro, quia aequivalent istis: Deus dabit istis vitam aeternam et illis poenam aeternam, quae non sequuntur[50] ad istas: Petrus est in caritate, Petrus peccavit mortaliter. Unde si nullus posset esse in caritate nisi esset[51] praedestinatus, tunc concluderet ratio aequaliter contra negantes istos respectus sicut contra ponentes. Sed hoc est falsum; ideo[52] non concludit.

C   Item secundo sic: Omnis propositio de praesenti semel[53] vera habet aliquam de praeterito necessariam, sicut haec: Sortes sedet, si est vera, haec postea semper[54] erit necessaria: Sortes sedit; sed haec modo est vera: Petrus est praedestinatus — ponatur[55] — ; igitur haec erit semper necessaria:[56] Petrus fuit praedestinatus. Tunc quaero: utrum potest

---

43. Tamen.../Quia PP₃P₄.
44. possit EPV.
45. prius deducta/praedicta EPP₃P₄ (ducta AB; dicta P, quod corr. A).
46. om. P₂; quod est V; post seq. "omnis" existens in caritate sit praedestinatus vel omnis add. E.
47. haec est falsa EP₃P₄.
48. sunt salvati nec umquam V.
49. sunt aequivalentes V; aequivalentes P₂; pro seq. (om. P₂V) proposi-

tionibus EP₁; aliquibus...aequivalent /om. PP₃P₄.
50. quia...sequitur AB.
51. om. PP₁-₄E; supra pro "nullus" non, pro "nisi" non V.
52. igitur EPP₁.
53. om. V; semper P₂.
54. om. V; pro seq. est ABV.
55. om. PV; post seq. quod add. E.
56. vera PP₁-₄ (P₂ add. postea et necessaria).

damnari vel[57] non. Si sic, ponatur in esse; tunc haec est vera de praesenti: Petrus est reprobatus; igitur de praeterito semper erit necessaria:[58] Petrus fuit reprobatus. Igitur istae essent[59] simul verae: Petrus fuit praedestinatus, Petrus fuit reprobatus.

Dico, quod maior est falsa, sicut patet ex tertia suppositione; quia illa propositio, quae est sic de praesenti, quod[60] tamen aequivalet uni de futuro et cuius[61] veritas dependet ex veritate unius de futuro, non habet aliquam de praeterito necessariam, immo ita contingens est illa de praeterito sicut sua de praesenti. Et tales sunt omnes propositiones in ista materia, sicut patet ex quarta suppositione, quia omnes aequivalenter sunt de futuro, quamvis vocaliter sint de praesenti vel de praeterito. Et ideo ita[62] contingens est illa: Petrus fuit praedestinatus, sicut ista: Petrus est praedestinatus.[63]

Et quando quaeris: utrum Petrus potest[64] damnari, dico, quod sic et potest poni in esse; sed tunc erunt istae duae falsae: Petrus est reprobatus, et: Petrus fuit praedestinatus, quia, posito uno contradictoriorum,[65] quod scilicet sit verum, reliquum erit falsum; sed istae duae:[66] Petrus fuit praedestinatus, et: Petrus fuit reprobatus, includunt contradictoria, scilicet quod Deus dabit[67] vitam aeternam et non dabit eam[68] alicui. Et ideo si una est vera, reliqua erit falsa, et econverso.

D   Tertio sic:* Si praedestinatus potest damnari, hoc non est nisi per actum voluntatis creatae, et per consequens

---

*Cf. Scotum, *Oxon.*, I, d. 40, q. u., n. 1, arg. 2 (ed. Vivès, t. 10, p. 680).

57. *aut* EV; supra *possit* EPP₂V.
58. *vera* P₁P₃P₄.
59. *erunt* EPP₁₋₄(V?).
60. *quae* EP₂; om. P₃P₄.
61. et.../*vel eius* PP₁P₃P₄; *non* V.
62. *ista* EPP₁P₃P₄ (et om. seq. "illa").

63. sicut.../om. ABEPP₁₋₄.
64. *possit* EPV.
65. *in esse* add. AB; pro seq. "scilicet" *si* AB; quod om. P₁₋₄.
66. om. EPP₁P₃P₄V.
67. *Petro* add. EPP₁P₃P₄; *isti* add. V; (similiter post seq. "dabit").
68. *vitam aeternam* EPP₁P₂P₄V; seq. om. EPP₂P₃P₄V.

propter[69] talem actum posset actus voluntatis divinae impediri.

Antecedens concedo, sed nego consequentiam; nam actus voluntatis divinae non impeditur per actum voluntatis creatae, nisi stante[70] ordinatione divina eveniret oppositum per aliam voluntatem, ita quod istae propositiones simul essent verae: Deus praedestinavit Petrum, et: Petrus est damnatus per actum voluntatis propriae. Sed istae non possunt simul stare, quia si haec est vera: Petrus est damnatus propter malum actum voluntatis suae, haec numquam fuit vera: Petrus est praedestinatus;[71] et similiter si haec est vera: Petrus est damnatus, haec numquam fuit vera: Petrus fuit[72] praeordinatus ad vitam aeternam.

Confirmatur ratio: Deus determinavit Petrum salvari — ponatur — quaero tunc,[73] utrum voluntas Petri sequatur necessario determinationem voluntatis divinae[74] aut non. Si non, igitur voluntas divina impeditur; si sic, habetur propositum.

Dico, quod voluntas creata non necessario sequitur ordinationem divinam vel determinationem[75] sed libere et contingenter. Sed non sequitur ultra: ergo voluntas divina potest impediri, propter rationem prius dictam; quia scilicet veritas illius propositionis: Deus praedestinavit Petrum, non potest stare cum veritate istius: Petrus est damnatus.

E   Quarto sic: Haec propositio fuit vera ab aeterno: Deus praedestinavit Petrum; igitur non potest esse falsa; igitur est necessaria.[76]

Nego consequentiam: Quia multae propositiones fuerunt verae ab aeterno, quae modo sunt falsae, sicut ista fuit vera ab aeterno: Mundus non est, et tamen modo est falsa.

---

69. *per* P₂P₃P₄V.
70. *forte* E; *supra* actus AB.
71. *vel fuit praedestinatus* add. V.
72. *est* PP₁P₃P₄E; pro seq. *praedestinatus* EP₁P₂.
73. om. P₃P₄V; in seq. *sequitur* ABP₂.

74. determinationem . . . / *ordinationem divinam* P₂; *determinationem divinam vel ordinationem* E.
75. vel determinationem/om. P₂V; *voluntatis divinae* add. PV.
76. igitur. . ./om. V.

Ita dico, licet (ista fuerit vera ab aeterno):[77] Deus praedestinavit Petrum, tamen potest esse falsa et potest numquam fuisse vera.

F   Quinto sic: Praedestinatio divina est necessaria, quia
omne quod est Deus vel in Deo est necessarium; igitur necessario praedestinavit[78] Petrum; igitur Petrus necessario
praedestinatus est;[79] non igitur contingenter.

Dico, quod praedestinationem esse necessariam potest
intelligi dupliciter. Uno modo, quod illud, quod principaliter significatur per hoc nomen "praedestinatio," sit necessarium, et sic concedo,[80] quia illud est essentia divina, quae
necessaria est et[81] immutabilis. Alio modo, quod aliquis
a Deo praedestinatur,[82] et sic non est necessaria,[83] quia sicut
quilibet[84] contingenter praedestinatur, ita Deus quemlibet
contingenter praedestinat.

Et cum dicitur: Praedestinatio divina est immutabilis,
igitur necessaria omnino — dico,* quod immutabile reale
est necessarium. Sed loquendo de immutabili complexo[85]
illo modo, quo aliquod complexum potest mutari a veritate
in falsitatem et econverso et aliquod complexum non potest
sic mutari: sic non omne immutabile est necessarium, quia
est aliqua propositio contingens, quae non potest primo
esse vera et postea falsa et[86] econverso, ita quod de tali
verum est dicere: Haec propositio modo est vera, sed prius
fuit falsa et econverso, et tamen non est necessaria sed contingens. Et causa est, quia quantumcumque[87] sit vera et[88]
fuerit vera ex suppositione, tamen[89] possibile est, quod non

---

*Cf. Ockham, *I Sent.*, d. 40, q. 1, B.

77. ista.../om. ABEPP₁₋₄.
78. *praedestinabit* ABEPP₁.
79. *praedestinabitur*/sic omnes contra P₂V, sed videtur error scribarum
qui non distinxerunt "praedestinavit"
et "praedestinabit" et consequenter
mutaverunt "praedestinatus est" in
"praedestinabitur."
80. et.../om. PP₁P₂P₄; *et hoc (tunc*
E) *verum est* EV; *quod divina praedestinatio est necessaria* add. E.

81. om. AP.
82. *praedestinetur* EP₁P₂.
83. *necessarium* P₂V.
84. om. V ("sicut" om. P₂P₄; *sic*
P₁P₂); *qui praedestinatur* add. AP₂P₄.
85. loquendo.../*immutabile complexum* V.
86. *vel* P₁P₂V;...et/om. P₁V.
87. *quamvis* V.
88. *vel* EPP₁₋₄V.
89. ex.../om. EPP₁ (habet "tamen") P₂₋₄V.

sit vera et quod numquam fuerit vera[90] absolute. Sicut haec est vera: Deus scit, quod iste salvabitur; et tamen possibile est, quod numquam sciverit, quod iste salvabitur. Et ita ista propositio est immutabilis, et tamen non est necessaria sed contingens.

Contra:[91] Omnis propositio, quae modo est vera et potest esse falsa, potest mutari de veritate in falsitatem; sed haec propositio: Petrus est praedestinatus, modo est vera — ponatur — et potest esse falsa,[92] constat; igitur, etc.

Dico, quod maior est falsa, quia plus requiritur, scilicet quod propositio, quae erit falsa vel poterit esse falsa,[93] aliquando fuit vera. Et ideo licet ista propositio: Petrus est praedestinatus, sit modo vera et possit esse falsa, quia tamen, quando erit falsa, verum est[94] dicere, quod numquam[95] fuit vera,[96] ideo non est mutabilis a veritate in falsitatem.

G   Sexto sic:[97] Quando aliqua opposita sic se habent,[98] quod unum non potest succedere alteri, si illud ponatur,[99] aliud non potest poni — patet de caecitate et visu — ; sed esse praedestinatum et damnari[100] sunt huiusmodi; igitur, etc.

Dico, quod de talibus oppositis, quae respiciunt[1] futura contingentia, non est verum, cuiusmodi sunt ista: praedestinari et reprobari. Et ideo quamvis non possint sibi succedere, non tamen sequitur: si unum inest, reliquum non potest inesse.

Contra: De quocumque verum est dicere hodie, quod est praedestinatus, et tamen quod potest esse cras reprobatus,

90. seq. om. P₂; et usque ad "vera" om. EPP₁P₃P₄V; supra pro "et" *vel* V.
91. *Confirmatur* V.
92. *ut* add. EP₃P₄.
93. *ipsa eadem numero* add. AB; supra *est . . . et* PP₃P₄; pro seq. *postquam* E; post seq. "vera" *postquam* add. P₃P₄.
94. *erit* EPP₃P₄V; supra *est* P₂P₃P₄.
95. *aliquando* add. V; pro seq. *fuerit* V.
96. *et* add. PP₁P₃P₄V.
97. Sexto sic/*Contra* V.
98. *aut* add. V; in seq. *poterit* AB (B corr. sic in marg.).
99. *ponitur* P₂V.
100. *damnatum* P₂V.
1. *quibus correspondent* V.

de eodem possunt ista successive[2] verificari praedestinatus et reprobatus, igitur, etc.

Nego, nisi posset vere dici, quando est reprobatus, quod aliquando fuit praedestinatus; et ideo quia hoc non potest dici in proposito, ideo non verificantur successive de eodem nec possunt.

H   Septimo sic: Illum quem Deus ab aeterno praedestinavit, non potest non praedestinare, quia aliter posset mutari; igitur si Deus ab aeterno praedestinavit Petrum, ab aeterno[3] non potest eum non praedestinare, et per consequens necessario salvabitur.

Dico, quod prima propositio est falsa, quia omnes istae sunt contingentes: Deus praedestinavit Petrum ab aeterno, Petrus fuit praedestinatus ab aeterno, quia possunt esse verae et possunt esse falsae, non tamen successive, ita quod sint verae, postquam fuerunt falsae vel econverso. Unde quantumcumque istae modo sint verae ante beatitudinem datam Petro: Deus praedestinavit Petrum ab aeterno, et huiusmodi, possunt tamen esse falsae; et si de facto damnaretur,[4] tunc de facto est falsa vel sunt falsae. Unde ita contingentes sunt cum hac dictione "ab aeterno" sicut sine illa, nec est alia difficultas in istis quam in illis, quae sunt vocaliter de praesenti.

J   Octavo sic:* Quaero de revelatis[5] a Prophetis, utrum necessario eveniant, ut revelata sunt, aut non. Si sic, cum talia sint futura, sequitur, quod eorum oppositum non possit evenire. Si non, contra:[6] Haec fuit aliquando vera: Hoc est revelatum, demonstrato aliquo tali, igitur semper postea[7] fuit necessaria; et non fuit revelatum tamquam falsum, quia Prophetae non dixerunt falsum,[8] igitur fuit revelatum

---

*Cf. Ockham, *Quodl.*, IV, 4 Argentina).

2. om. PP₁P₃P₄V.
3. ab aeterno/om. EPP₁P₃P₄.

4. *damnetur* P₂V.
5. *relatis* E.
6. om. V; *cum* (interl.) P₄.
7. om. V.
8. quia.../om. P₂V.

tamquam verum; igitur necesse est tale revelatum evenire, quia aliter prophetiae posset subesse[9] falsum.

Dico, quod nullum revelatum contingens futurum evenit[10] necessario, sed contingenter. Et concedo, quod fuit aliquando vera: Hoc est revelatum, et sua de praeterito fuit postea semper necessaria. Et concedo, quod non fuit revelatum tamquam falsum, sed tamquam verum contingens et non tamquam verum necessarium, et per consequens tale potuit et potest esse falsum. Et tamen Prophetae non dixerunt falsum, quia omnes prophetiae de quibuscumque futuris contingentibus fuerunt conditionales, quamvis non semper exprimebatur conditio; sed aliquando fuit expressa, sicut patet de David et throne suo,* aliquando[11] subintellecta, sicut patet de Ninive destructione a Jona propheta:** "Adhuc post quadraginta dies et Ninive subvertetur," nisi scilicet poeniterent; et quia poenituerunt, ideo[12] non fuit destructa.

[Suppositiones]

K   Pro istis dubiis solvendis primo suppono aliqua, quibus visis patebit solutio argumentorum.[13]

Prima suppositio est,*** quod praedestinatio activa non est aliqua res distincta quocumque modo a Deo vel divinis personis, nec reprobatio activa, nec praedestinatio passiva est aliquod absolutum vel[14] respectivum distinctum aliquo modo a praedestinato. Sed hoc nomen "praedestinatio" vel conceptus, sive accipiatur active sive passive, et[15] significat ipsum Deum, qui daturus est vitam aeternam alicui, et illum, cui datur, ita quod tria significat, scilicet Deum, vitam aeternam, et illum cui datur.[16] Et similiter reprobatio significat Deum daturum alicui poenam aeternam.

---

*Ps. 131:12.
**Jon. 3:4.
***Cf. Ockham, *I Sent.*, d. 41, q. 1, F.

9. prophetiae.../*prophetae possent dicere* E.
10. *eveniet* PP₂P₃P₄.
11. *aut fuit* (om. P₁) EPP₁P₂P₃P₄.

12. om. P₃P₄V.
13. *prius (iam* V) *solutorum* add. P₂V.
14. *et* AB; *nec* V.
15. om. EPP₁₋₄V; pro seq. *consignificat* P₁.
16. *vita aeterna* add. V.

L   Secunda suppositio:* Quod omnes propositiones in ista materia sunt contingentes, sive sint[17] praesentis temporis, sicut istae: Deus praedestinat Petrum, Petrus praedestinatur, sive praeteriti,[18] sive futuri. Quia si aliqua esset necessaria, ista esset de praeterito; sed illa non est[19] de necessario nec necessaria, puta illa: Petrus fuit praedestinatus. Quia quaero, utrum Petrus possit damnari, vel non. Si non, ergo necessario salvabitur, et tunc non oportet consiliari nec negotiari, quod est absurdum. Si potest damnari — ponatur in esse — tunc haec est[20] vera: Petrus est[21] damnatus; igitur post hoc instans haec semper erit vera: Petrus fuit damnatus. Et per te haec est necessaria: Petrus fuit praedestinatus; ergo illae erunt simul verae:[22] Petrus fuit praedestinatus, et: Petrus fuit reprobatus. Et ex istis sequuntur contradictoria, sicut patet. Et illam conclusionem dicit Scotus.[23]**

M   Tertia suppositio:[24] Quod aliquae sunt propositiones de praesenti secundum vocem et secundum rem, et in talibus est universaliter verum, quod omnis propositio de praesenti vera habet aliquam de praeterito necessariam,[25] sicut tales: Sortes sedet, Sortes ambulat, Sortes est iustus, et huiusmodi. Aliquae sunt propositiones de praesenti tantum secundum vocem et sunt aequivalenter de futuro, quia earum veritas dependet ex veritate propositionum de futuro; et in talibus non est ista regula vera, quod omnis propositio vera de praesenti habet aliquam de praeterito necessariam. Et hoc non est mirabile, quia sunt propositiones verae de praeterito et de futuro, quae nullam habent veram de praesenti, sicut

---

*Cf. Ockham, *I Sent.*, d. 38, q. 1, N.
**Cf. Scotum, *Rep.*, I, d. 40, q. u., n. 11 (ed. Vivès, t. 22, p. 477), contra S. Thomam, *Summa Theologica*, I, q. 14, a. 13. Cf. etiam *Oxon.*, I, d. 39, q. u., n. 31-33 (ed. cit., t. 10, pp. 653 et seq.).

17. *sunt* ABP₃P₄.
18. sicut.../om. V.

19. *esset* AB; seq. de necessario/om. P₃P₄V.
20. *nunc* add. P₂V.
21. *nunc* add. V.
22. Petrus.../om. PP₃P₄V.
23. sicut.../om. PP₃P₄; Et.../om. P₂; *distinctionem* V.
24. om. AB.
25. *si sint quaedam conditiones, etc.* add. E.

istae: Album fuit nigrum, Album erit nigrum, quae sunt verae, et sua de praesenti est falsa, scilicet ista: Album est nigrum.

N   Quarta suppositio: Quod omnes propositiones in ista materia, quantumcumque sint vocaliter de praesenti vel de praeterito, sunt tamen aequivalenter de futuro, quia earum veritas dependet ex veritate propositionum formaliter de futuro. Sed ex tertia suppositione patet, quod tales verae de praesenti non habent aliquam de praeterito necessariam, sed solum contingentem, sicut illa de praesenti est contingens. Ex quibus sequitur, quod nulla propositio de praesenti in ista materia habet aliquam de praeterito necessariam.

O   Quinta suppositio: Quod secundum intentionem Philosophi* non solum in futuris contingentibus, immo etiam in illis de praesenti et de praeterito, quae aequivalent illis de futuro, Deus non plus scit unam partem contradictionis quam aliam, immo neutra secundum eum est scita[26] a Deo, quia secundum eum 1° Posteriorum** nihil scitur nisi verum. Sed in illis non est veritas determinata, quia secundum eum nulla ratio potest assignari, quare magis una pars sit vera quam alia, et ita vel[27] utraque pars erit[28] vera vel neutra; sed non est possibile, quod utraque pars sit vera, ergo neutra, et igitur[29] neutra scitur.

P   Sexta suppositio: Quod indubitanter est tenendum, quod Deus certitudinaliter scit omnia futura contingentia, ita quod certitudinaliter scit, quae pars contradictionis erit vera et[30] quae falsa, ita tamen quod omnes tales propositiones: Deus scit hanc partem contradictionis esse[31] veram vel illam,

*Perihermenias, c. 9 (ed. Didot, t. 1, pp. 28 et seq.). Cf. Ockham, Expos. Aurea, in fine 1ⁱ libri Periherm.; Summa Logicae, III, 3, c. 31 (ed. Venet., 1508, fol. 89va-90ra, et alibi); I Sent., d. 38, q. 1, M.
**L.c., cap. 2(7) (ed. Didot, t. 1, p. 122).

26. etiam add. V.
27. om. ABP₂P₃.
28. est PV.
29. ita EP₁; sic P₃P₄; per consequens V; pro seq. neutrum AB; pars add. V.
30. vel AB.
31. contradictionis esse/om. V.

sunt contingentes et non necessariae, sicut prius dictum est. Sed difficile est videre, quomodo hoc scit, cum una pars non plus determinetur ad veritatem quam alia.

Et dicit Doctor Subtilis,* quod intellectus divinus, prout quodammodo praecedit determinationem voluntatis divinae, apprehendit illa complexa ut neutra sibi, et[32] voluntas[33] divina determinat alteram partem esse veram pro aliquo instanti, volens alteram partem esse veram pro eodem instanti. Posita autem determinatione voluntatis intellectus divinus videt determinationem voluntatis suae, quae est immutabilis: videt evidenter alteram partem esse veram, illam scilicet quam voluntas sua vult esse veram, certitudinaliter.

Sed contra istam opinionem:[34] Quia non videtur salvare certitudinem scientiae Dei respectu futurorum, quae simpliciter dependent a voluntate creata; quia quaero, utrum illam determinationem voluntatis divinae necessario sequatur determinatio voluntatis creatae, aut non. Si sic, igitur voluntas necessario ageret sicut ignis, et ita tollitur[35] meritum et demeritum. Si non, igitur ad sciendum determinate alteram[36] partem contradictionis illorum[37] requiritur determinatio voluntatis creatae, quia determinatio voluntatis increatae non sufficit, cum voluntas creata possit in oppositum illius determinationis. Igitur cum illa determinatio voluntatis non[38] fuit ab aeterno, non habuit[39] Deus certam notitiam reliquorum.

Secundo sic: Quando aliquid determinatur contingenter, ita quod adhuc possibile est non determinari et possibile est quod numquam fuisset determinatum, propter talem determinationem non potest haberi certa et infallibilis no-

---

*Oxon., I, d. 39, q. u., n. 23 (ed. cit., t. 10, p. 639); Rep., I, d. 38, q. 2, n. 3-4 (t. 22, pp. 469 et seq.). Cf. Ockham, I Sent., d. 38, q. 1, D.

32. Restituimus textum ad sensum Scoti: sibi/om. EPP₁₋₄; sic AB; sed add. V; tunc add. EPP₃P₄; neutra add. P₂.
33. divina add. V.

34. arguitur sic add. P₂₋₄; arguo add. EV.
35. tolleretur EP.
36. unam V; alterum et om. seq. P₂.
37. om. P₂V.
38. om. E.
39. habuerit B(A?); seq. om. E; et seq. om. EPP₁P₃P₄.

titia; sed huiusmodi[40] est determinatio voluntatis divinae respectu futurorum contingentium secundum eum et secundum veritatem; igitur propter talem determinationem non potest haberi certa notitia a Deo de futuris contingentibus.

Confirmatur:[41] Omnes tales sunt contingentes: Deus ab aeterno voluit hanc partem[42] esse veram, Deus ab aeterno determinavit hoc, et huiusmodi — patet ex secunda[43] suppositione — et possunt per consequens esse verae et falsae; igitur propter talem determinationem nulla habebitur[44] certa notitia.

Ideo dico,* quod impossibile est clare exprimere modum, quo Deus scit futura contingentia. Tamen tenendum est, quod sic, contingenter[45] tamen. Et debet istud[46] teneri propter dicta Sanctorum, qui[47] dicunt, quod Deus non aliter cognoscit fienda quam facta. Potest tamen talis modus assignari: Nam sicut ex eadem notitia aliquorum incomplexorum potest intellectus evidenter cognoscere propositiones contingentes contradictorias, puta quod A est, A non est, eodem modo potest concedi,[48] quod essentia divina est notitia intuitiva, quae est[49] tam perfecta,[50] tam clara, quod ipsa est notitia evidens omnium praeteritorum et futurorum, ita quod ipsa scit, quae pars contradictionis erit[51] vera, et quae pars[52] falsa.

Si dicatur, quod illud, quod non est in se verum, non potest sciri ab aliquo, sed me sedere cras[53] est huiusmodi — dico, quod est vera, ita quod non falsa, tamen est contingenter vera, quia potest esse falsa.

---

*Cf. Ockham, *I Sent.*, d. 38, q. 1, M.

40. *haec* EP; *hoc* A; *sic* PP₃P₄.
41. *quia* add. P₂V.
42. *contradictionis* add. V.
43. om. V.
44. *habetur* P₁P₂V; supra *non* PP₂V.
45. *quod scit contingenter tantum* EPP₃P₄; post "sic" *Solutio quae tenetur* add. A(B marg.); *est* add. ABP₂; seq. om. P₂; *ea* V. Restituimus textum

istum corruptum, ut potuimus, sine praeiudicio.
46. *ista* AB (cf. "solutio" nota 45); om. P₃P₄V; supra pro "Et" *Item* V.
47. *manifeste* add. P₂V.
48. potest concedi/om. V.
49. quae est/*quaecumque* EPP₁₋₄V.
50. *et* add. P₂V; pro seq. *quam* EP₂.
51. *sit* P₂; *est* V.
52. om. EPP₃P₄; *est* P₂.
53. om. ABPP₁P₃P₄; *fore sessurum* E.

Contra: Utraque pars istius: Ego sedebo cras, Ego non sedebo cras, indifferenter potest esse vera,[54] igitur non plus est una pars vera quam alia, et sic neutra[55] est nunc vera vel utraque; non utraque, igitur neutra. Dico, quod una pars nunc determinate est vera, ita quod non falsa; quia[56] Deus vult unam partem esse veram et aliam esse falsam, tamen contingenter vult. Et ideo potest non velle illam partem, et partem aliam potest velle, sicut pars alia potest evenire.

Q   Septima suppositio est,* quod scire in ista materia accipitur large, scilicet pro cognitione cuiuscumque, et sic Deus cognoscit[57] omnia tam incomplexa quam complexa, necessaria, contingentia, falsa et impossibilia;[58] vel stricte, et sic idem est quod cognoscere verum, sicut loquitur Philosophus** 1º Posteriorum, quod nihil scitur nisi verum.

R   Octava suppositio est,*** quod aliquae propositiones in ista materia sunt distinguendae secundum compositionem et divisionem, ut istae in quibus ponitur modus cum dicto, ita quod in sensu compositionis denotatur, quod modus ille praedicatur de praeiacente illius dicti vel de propositione illius dicti; sed in sensu divisionis denotatur, quod praedicatum talis dicti vel propositionis talis dicti praedicatur de illo, pro quo supponit subiectum eiusdem, cum tali modo, sicut patet in logica. Ex quo patet, quod ista et sibi similes: Praedestinatus potest damnari, non[59] est distinguenda secundum compositionem et divisionem.[60]

---

*Cf. Ockham, *I Sent.*, d. 39, q. 1, B.
**Cf. suppositionem 5am.
***Cf. Ockham, *I Sent.*, d. 40, q. 1, C. Cf. etiam Scotum, *Oxon.*, d. 39, q. u., n. 17 (ed. cit., t. 10, pp. 629 *et seq.*), et d. 40, q. u., n. 2 (pp. 680 *et seq.*). Quoad logicam, cf. Ockham, *Summa Logicae*, II, c. 9 (ed. cit., fol. 33vb).

54. om. V.
55. *non* add. V; seq. "nunc" om. P₃P₄V.

56. *ita quod* E; *quoniam* P₂ (et add. post "Deus" *non*). Sequentia in P₃P₄: *Potest esse falsa indifferenter. Potest esse vera. Ergo non plus est una vera quam alia et sic neutra est vera vel utraque. Tamen vult quod alia pars potest evenire.*
57. *scit* PP₃P₄.
58. *inopinabilia* V.
59. om. E, et B expungit, at minus recte, quia non ponitur dictum cum modo.
60. Ex quo.../om. PP₂P₃P₄.

S Nona suppositio:* Quod causa ad praesens dupliciter accipitur: uno modo pro re aliqua[61] habente aliam rem tamquam suum effectum, et dicitur causa ad cuius esse sequitur aliud, quia ipsa posita ponitur effectus et non posita non potest poni.[62] Alio modo dicitur, quando importat prioritatem unius[63] propositionis ad aliam secundum consequentiam, sicut dicimus, quod quando ab una propositione ad aliam est[64] consequentia naturalis et non econverso, antecedens est causa consequentis et non econverso.

His visis potest responderi ad argumenta, quae facta sunt, probantia quod praedestinatus potest damnari, et etiam ad alia fienda pro aliis quaestionibus[65] tangentibus scientiam Dei respectu futurorum contingentium.[66]

[QUAESTIO SECUNDA SEU DUBIUM SECUNDUM][67]

A Utrum Deus respectu omnium futurorum contingentium habeat notitiam determinatam, certam, infallibilem, immutabilem et necessariam respectu unius partis contradictionis.**

[Primus articulus]

Et primo[68] quod non determinatam:

Quia in futuris contingentibus non est determinata veritas nec falsitas, ergo, etc.

---

*Cf. Ockham, *I Sent.*, d. 41, q. 1, F.
**In sequentibus Ockham sequitur divisionem Scoti. Cf. *Oxon.*, I, d. 39. q. u., n. 1 (ed. cit., t. 10, p. 613); *Rep.*, I, dd. 38 et 39, qq. 1 et 2 (t. 22, pp. 468 *et seq.* Cf. etiam Alexandrum Halensem, *Summa Theol.*, I, nn. 184-187 (ed. Quaracchi, t. 1, pp. 269-275).

61. om. AB.
62. potest poni/*ponitur effectus* E. Ockham, l.c.: "et non ponitur illud aliud sine eo."
63. *alicuius* PV.

64. *bona* add. E; *una* add. P₂; pro seq. "naturalis" *materialis* P₃P₄.
65. *conclusionibus* P₃P₄E.
66. *Et sic est finis tractatus magistri gwilhmi Occam de praedestinatione et praescientia* P₂, et desinit; sine explicit finit A et habet adhuc paucas lineas non ad hunc tractatum spectantes; sequentia usque ad "futurorum" habet P₁, et deinde desinit.
67. *Secunda quaestio eiusdem doctoris plus quam subtilis fratris Guilielmi de ôcham de futuris contingentibus* E; *Secundo quaero* PP₃P₄.
68. *probo* V (in seq. *determinata* V); *videtur...habent* E; et primo/ *Videtur quod...habet* P₃P₄.

Secundo: Si sic, sive consiliaremur sive non, necessario eveniret, quod sic a Deo est cognitum, et per consequens frustra consiliaremur vel negotiaremur.

Tertio sic:[69] Si sic, Deus essêt limitatae potentiae.[70] Probatio: Quia si Deus potest facere determinate[71] hoc, ita quod non suum oppositum, est determinatae et limitatae[72] potentiae; igitur similiter, etc.[73]

Quarto:[74] Quod non est in se[75] verum, non scitur a Deo notitia determinata; sed futurum contingens est huiusmodi; igitur, etc.

Ad oppositum est fides.

B   Ad istam particulam[76] dicitur, sicut dictum est in suppositione sexta, quod Deus habet notitiam determinatam respectu futurorum contingentium, quia determinate scit, quae pars contradictionis erit[77] vera et quae falsa.

Ad primum patet, quid sit dicendum ex quinta[78] suppositione, quia secundum intentionem Philosophi in futuris contingentibus, quae dependent simpliciter a potentia libera, puta a voluntate creata, neutra pars est determinate vera. Patet ibidem. Sed quid sit dicendum secundum veritatem et fidem,[79] patet ex suppositione sexta.

Ad secundum: Prima consequentia non valet, quia licet determinate sciat unam partem, tamen contingenter scit et potest non scire et potuit[80] numquam scivisse, et ideo expedit consiliari.

Ad tertium: Nego consequentiam. Ad probationem dico, quod verum est,[81] si Deus ita causaret unam partem contradictionis, quod non posset causare aliam, tunc esset

---

69. om. PP₃P₄V; post seq. "sic" *tunc* add. V.
70. *scientiae* V.
71. facere determinate/*determinare* V.
72. et limitatae/*virtutis et* V.
73. igitur.../om. V; "similiter" om. EPP₃P₄, sed retinuimus, quia ratio procedit per analogiam. Nota mutationes in V.

74. *secundo,* et supra pro "secundo" et "tertio" bis *praeterea* V.
75. *determinate* add. V.
76. *quaestionem* V; pro seq. *dico* EP₃P₄.
77. *est* EV.
78. *hac* BPE.
79. *fidei veritatem* V.
80. *poterit* V(B?); pro seq. *non* V.
81. *quod* add. B.

limitatae potentiae.[82] Et similiter si sic sciret unam partem, quod non posset scire aliam, haberet scientiam limitatam et imperfectam,[83] sed neutrum est verum.

Ad quartum: Patet quod minor est falsa, sic tamen est vera, quod est contingenter,[84] quia potest esse falsa,[85] et potuit numquam fuisse vera.

[*Secundus articulus*]

C   Secundo* arguo[86] ad secundam particulam, videlicet[87] quod non habet certam et infallibilem notitiam.

Probatio: Quia sequitur: Deus novit me sessurum cras, et non sedebo cras, ergo decipitur. Haec consequentia patet; quia credens illud esse[88] in re, quod non est[89] in re, decipitur; igitur a simili:[90] Deus novit me sessurum cras, et possibile est me non sedere cras, igitur[91] potest decipi. Probatur haec secunda[92] consequentia: Quia sicut ad duas[93] de inesse sequitur conclusio de inesse, ita ad unam de inesse et aliam de possibili sequitur conclusio de possibili.

Secundo sic:[94] Si Deus novit me sessurum cras, et possum[95] non sedere cras — ponatur in esse: non sedebo cras[96] — sequitur tunc, quod Deus decipitur, quia ex positione possibilis in esse non sequitur impossibile; igitur haec: Deus decipitur, non est impossibilis.

Ad oppositum est fides.

D   Dico, quod sic, et probatur per suppositionem sextam.

Ad primum in oppositum dico, quod prima consequen-

---

*Cf. Scotum, *Oxon.*, l.c. et n. 3 (p. 613), ubi habentur ista argumenta fere ad litteram; quae solvuntur n. 27 (p. 651).

82. *et virtutis* add. V; seq. om. V; et pro seq. *etiam* PP₃P₄.
83. et imperfectam/om. EV.
84. sic.../*et tamen sic est falsa* P₃P₄; *vera* add. PV; pro seq. *quod* P₄; *et* E.
85. *vera* P₃P₄; in seq. *poterit* V.
86. *arguitur principaliter* PP₃P₄.

87. *videtur* EP₃P₄ (P corr. sic, *et* praem. E); *scilicet* V.
88. *verum* add. EP (P₃P₄ habent longiorem omiss.).
89. *verum* add. P.
90. *si* add. P₃P₄; *principali* add. V.
91. *possibile est ipsum decipi et per consequens* add. E.
92. om. V.
93. *praemissas* add. EPP₃P₄.
94. *ad idem* add. PP₃P₄.
95. *possibile est me* P₃P₄.
96. *et* add. EPP₃P₄.

tia est bona,[97] licet non syllogistica, quia decipi est opinari
aliter rem esse quam sit in re pro tempore, pro quo creditur
sic[98] esse. Et hoc[99] importatur per illas praemissas de inesse,[100] quia per illas importatur, quod Deus credit aliter
esse quam erit. Et[1] ex illis duabus, si possent esse simul
verae, sequitur conclusio.[2] Sed non possunt esse simul verae, quia sequitur: Si Deus novit me, etc., igitur haec est
vera: Ego sedebo cras, quia nihil scitur nisi verum. Igitur
sua opposita est falsa, quia aliter contradictoria essent simul
vera.[3] Sed quidquid sit de prima consequentia,[4] secunda
non valet, quia ad hoc quod talis mixtio valeret,[5] oporteret
quod maior esset[6] de inesse simpliciter, ita[7] quod semper
esset necessario vera, quantumcumque illa de possibili
poneretur in esse. Et tunc sequitur conclusio de possibili, et aliter non. Assumptum probo: Quia si arguitur[8]
ex opposito conclusionis cum ista de possibili, tantum in-
feretur[9] oppositum unius propositionis necessariae[10] et de
inesse simpliciter. Verbi gratia[11] sic arguendo: Deus non
potest decipi, et possibile est me non sedere cras, sequitur
tantum ista conclusio: ergo Deus non necessario scit me
sessurum cras sed tantum contingenter. Igitur ad hoc, quod
prima mixtio valeat, oportet quod maior sit de inesse simpliciter, sicut[12] patet quod non est,[13] quia est mere contingens, quia potest esse vera et potest esse falsa et numquam fuisse vera. Patet ex praecedentibus, scilicet ex suppositione secunda et tertia.[14]

---

97. *vera* E.
98. om. BV.
99. *licet* EPP₃P₄; *sic inferre quia sic*
add. E; pro seq. *importetur* PP₃P₄.
100. *sic esse quae sunt* add. PP₃P₄;
et add. post seq. *scilicet.*
1. om. EP₃P₄.
2. *quod sit vera* add. E.
3. *quod intellectus non capit* add. E.
4. *certum est quod* add. PP₃P₄; post
seq. *tamen* add. E.
5. *talis...ipsa concludat* V; "mixtio" om. P₃P₄(V); pro seq. *oportet* V.
6. *sit* V.

7. om. V; ita quod/*si ergo ista*
P₃P₄; post seq. *erit* V.
8. *arguatur* PP₃P₄.
9. *infertur* EP₃P₄V.
10. necessariae.../*de necessario* E;
post seq. *non* add. E.
11. simpliciter.../*sequitur una igitur* P₃; verbi gratia/*vere* (corr.) *igitur*
P₄; *necessaria igitur* V.
12. om. E; *sic* P₃P₄; *sed* V.
13. om. EP; *valet* P₄; *valeat* P₃.
14. om. V et add. supra *supposi-
tionibus.*

Ad secundum dico, quod ex sola positione alicuius propositionis possibilis[15] in esse numquam sequitur impossibile. Tamen illa de inesse, in qua ponitur illa de possibili, potest repugnare alicui propositioni de inesse, cui non[16] repugnat illa de possibili, quae ponitur in esse, quia antecedens potest repugnare alicui, cui non[17] repugnat consequens;[18] sicut albedo alicui repugnat, cui non repugnat color. Et[19] illa de inesse infert illam de possibili et non econverso — patet — ; et ideo ex illa de inesse, quae antecedit ad illam de possibili, et alia de inesse sibi repugnante potest sequi conclusio impossibilis, quia[20] non sequitur ex illa de possibili, quae est consequens, et alia de inesse. Unde mirum non est, si ex praemissis incompossibilibus[21] sequitur conclusio impossibilis, quia in syllogismo ex oppositis sequitur conclusio impossibilis.[22]

Modo ad propositum[23] dico, quod ex ista: Possibile est me non[24] sedere cras, posita in esse, nullum sequitur impossibile. Sed ex ista, in qua ponitur in esse, puta: Ego non sedebo cras, et ista: Deus novit me sessurum cras, sequitur hoc impossibile:[25] Deus fallitur, et hoc, quia praemissae sunt incompossibiles. Exemplum: istae sunt simul verae: Sortes sedet, et: Sortes potest stare; tamen istae: Sortes sedet, et: Sortes stat, non stant simul, immo[26] repugnant; et ideo ex istis duabus sequitur, quod sedens est stans. Quae tamen conclusio non sequitur ex istis: Sortes sedet, et: Sortes potest stare. Et tota causa est repugnantia praemissarum in uniformi et non in[27] mixtione. Et eodem modo per omnia est in proposito.[28]

15. *de possibili* PP₃P₄.
16. om. E (potest...possibili/om. P); seq. usque ad "cui non" om. P₃P₄.
17. om. V.
18. *conclusio* B.
19. *quia* V.
20. *quae* P₃P₄V.
21. *impossibilibus* et rep. V.
22. Unde.../om. P₂P₄.

23. *primum* V.
24. om. PP₃P₄.
25. *haec impossibilis* EP₃P₄.
26. *sed* EPP₃P₄.
27. et.../om. E.
28. Et tota causa.../*Quia istae sunt verae in casu et consequens impossibile. Sic totaliter est in proposito* P₃P₄.

[*Tertius articulus*][29]

E   Tertio arguitur,[30]* quod non habeat scientiam immutabilem de futuris contingentibus.

Primo[31] sic: Non potest esse transitus de contradictorio
in contradictorium sine omni mutatione. Et probatur: quia
non videtur, quod illud, quod prius fuit verum,[32] sit modo
falsum vel econverso, nisi sit aliqua[33] mutatio; sed Deus
sciens hanc propositionem contingentem: Ego sedebo, potest non scire eam, quia potest esse falsa; et falsum non
scitur.

Et similiter: Deus non scit modo istam propositionem:
Ego sum Romae, quia haec nunc est falsa, et potest eam
scire modo ad annum, quando erit vera; igitur videtur,
quod Deus mutetur.[34]

Similiter: Modo scit istam de futuro: Ego cras legam —
ponatur quod sit vera — et post cras non sciet[35] istam: Cras
legem, quia tunc erit falsa.

F   Dico, quod loquendo de propositionibus mere de praesenti, quae nullo modo dependent a futuro, sic[36] dico, quod
sicut tales possunt mutari de veritate in falsitatem et econverso, ita potest Deus tales[37] aliquando scire et aliquando
non, et scire illas,[38] postquam non scivit, et non scire, postquam scivit, et scire aliquam propositionem, quam prius[39]
non scivit, sine omni[40] mutatione sui propter[41] solam mutationem in creatura vel in propositionibus talibus scitis, sicut
dicitur primo non[42] creans et postea creans[43] propter mutationem et positionem creaturae; quia[44] hoc potest intellectus

---

*Cf. Scotum, l.c. (p. 613), et n. 4
(p. 614); Ockham, *I Sent.*, d. 39, q. 1.

29. sic in textu B.
30. *principaliter* PP₃P₄; *sic* add. BE.
31. *probo* P; *probatur* P₃P₄.
32. *quod* add. B; *et* add. V.
33. *talis* add. EP₃P₄.
34. *mutatur* E; *mutabitur* V.
35. *sciat* B.
36. om. P₃P₄; "dico...sicut" om.
V; "sicut" om. P₃P₄.

37. *talem* P₃; om. EV; seq. om. P.
38. *illam* B (P corr.).
39. quam prius/*postquam* EPP₃P₄.
40. om. V.
41. ... mutatione sui/om. P₃P₄.
42. primo non/*prius* V.
43. *vel non creans vel econverso*
add. V.
44. *et* EPV; pro seq. *sic* V; seq.
om. V; pro "intellectus noster" *intelligi non* P, *intelligit* V.

noster sine omni mutatione sui. Probatio:[45] Ponatur, quod
ego opiner istam propositionem esse veram: Sortes sedet,
quae tamen est falsa, quia Sortes stat; remanente illo actu
in intellectu meo[46] fiat illa propositio vera; iam scio eam,
quam prius nescivi, sine omni mutatione in intellectu meo
sed tantum in re. Et sic intelligitur illud 7° Physicorum:*
In ad aliquid non est motus; ita quod sit propositio particularis non universalis, quia Philosophus intendit ibi loqui
de scientia, quae cum sit ad aliquid, quod aliquis potest de
novo scire aliquid sine omni[47] mutatione in eo, sicut dictum
est; vel etiam[48] sicut dicit Commentator: illa propositio dicitur secundum opinionem Platonis.

Sed loquendo de propositionibus de futuro distinguo:
Quia[49] quaedam sunt futura, quae non important aliquod
praesens vel praeteritum, et[50] in talibus impossibile est,
quod Deus talia futura prius sciat et postea non sciat, quia
impossibile est, quod ante A instans[51] Deus sciat istam:
Sortes sedebit in A, et postea nesciat eam. Et causa est,
quia ante A non potest primo esse vera et postea falsa; sed
si sit vera ante A, semper fuit vera ante A; quia omnis propositio simpliciter de futuro, si sit semel vera, semper fuit
vera. Quaedam sunt futura,[52] secundum vocem, quae[53] im-
plicant praesentia vel[54] praeterita esse futura; sicut si post
A tempus proferatur ista propositio: Sortes sedebit in A,
quae implicat praeterita esse futura, scilicet quod A sit
futurum et quod sessio sit futura. Et talis de futuro potest
mutari de veritate in falsitatem, quia ante A fuit vera et
post A est falsa; et[55] tale futurum contingens potest Deus

*L.c., c. 3 (4 et 7) (ed. Didot, t. 2,
pp. 337 *et seq.*) ; vide expositiones S.
Thomae et Ockham ad text. Comm.
20m.

45. *primo* PP₃P₄V; pro seq. *probo* V.
46. *modo* possit hic et in seq. legi
secundum BP₃V.
47. om. V.
48. om. V.

49. om. B (P marg.).
50. om. V.
51. om. EPV (P₃P₄ habent long.
omiss.) ; pro seq. *quod* V; et pro seq.
sciet V.
52. *solum* add. B.
53. *important vel* add. V.
54. *et* EP; om. P₃P₄.
55. *quod* add. P (quod cancell.
BP₃P₄).

non scire, postquam scivit, sine omni mutatione ex parte sua propter mutationem rei et transitionem[56] temporis. Circa talia futura est sciendum, quod quaedam sunt vera et non[57] incipiunt esse vera, sed incipiunt esse falsa. Sicut, verbi gratia, sit A dies crastina, haec est nunc vera: Sortes sedebit in A — ponatur — et numquam incepit[58] esse vera, tamen incipiet esse falsa, quia post A semper erit falsa. Et talis est ista: Sortes est praedestinatus, quia ante beatitudinem semper est[59] vera, si semel sit vera, sed post beatitudinem semper erit[60] falsa. Quaedam sunt falsa et numquam incipiunt esse falsa, sed incipiunt esse vera sicut ista: Sortes non sedebit in A, quia ante A semper erit falsa[61] — ponatur — et postea semper erit vera. Et talis est[62] ista: Sortes non est praedestinatus, quia ante beatitudinem[63] fuit falsa et postea semper erit vera.

G   Secundo arguitur[64] ad idem sic: Deus potest scire plura quam scit, quia multas[65] propositiones contingentes, quae erunt verae, quae tamen nunc[66] sunt falsae. Similiter potest scire pauciora quam scit, quia aliquas propositiones veras[67] de praesenti, quae semper postea erunt falsae. Ergo scientia sua est mutabilis.

Dico, quod loquendo de scire et scientia Dei stricte,[68] sicut dicitur suppositione septima,[69] quamvis Deus possit aliquid scire, quod modo non scit, quia cum Deus isto modo nihil scit nisi verum, aliquando[70] propositio, quae modo non est vera[71] — sicut me esse Romae — potest a Deo sciri, quae[72] tamen modo non scitur ab eo; tamen non debet concedi, quod possit scire plura quam scit, quia nihil scitur a

---

56. *transmutationem* PP₃P₄.

57. *numquam* PP₃P₄.

58. *incipit* P (quod, ut videtur, corr. B); supra pro "et" *haec* EP₃P₄; post seq. "vera" *et* add. P₃P₄V.

59. *erit* V.

60. *est* V.

61. *si* add. V.

62. *erit* BE, et in seq. *erit* BP₃P₄.

63. *semper* add. PV.

64. *sic* add. B.

65. *istas* PP₃P₄.

66. *non* P₃P₄; *nec* V; *modo* add. V; pro seq. "falsae" *verae* V.

67. om. PP₃P₄.

68. Dei stricte/om. V.

69. *dicit suppositio septima* EV.

70. *aliqua* P₃P₄V.

71. *potest tamen esse vera* add. V.

72. om. B.

Deo nisi verum et omne verum scitur a Deo. Sed semper sunt aequalia vera,[73] igitur semper sunt aequalia scita a Deo. Assumptum probo: Quia non est possibile, quod sint plura vera in uno tempore quam in alio, quia semper altera pars contradictionis est,[74] et nihil est verum, nisi sit altera pars contradictionis, nec est possibile, quod utraque pars contradictionis sit vera, et per consequens tot sunt vera in uno tempore sicut in alio, et[75] nec plura nec pauciora, quamvis aliquid sit verum in uno,[76] quod non est verum in alio tempore; et universaliter ita[77] quod si aliquid fiat falsum, quod prius erat verum, aliquid fit verum, quod prius fuit falsum. Et ita[78] non sequitur:[79] Deus potest scire plura,[80] quae non scit, et non scire plura quae scit;[81] ergo potest scire plura vel pauciora quam scit.

Si dicatur, quod quidquid Deus modo scit, semper sciet illud, quia ex hoc, quod Deus primo[82] scit istam: Sortes sedet, et postea scit istam: Sortes sedit, non scit aliud sed idem — dico, quod accipiendo scientiam vel scire pro notitia Dei, qua cognoscit[83] illas propositiones, illa est eadem respectu omnium scibilium;[84] accipiendo tamen scire Dei,[85] prout importat ista complexa: Sortes sedet, Sortes sedit,[86] sic non est idem, quia ista complexa nec sunt eadem nec aequipollent[87] nec sunt convertibilia, quia[88] una potest esse vera, altera existente falsa. Puta, si nunc primo Deus sciat istam: Sortes sedet, haec tunc est falsa: Deus scit istam: Sortes sedit, de praeterito; et similiter Sorte ambulante

---

73. ... Deo/om. P_3P_4; vera igitur/ *verbi gratia* BEP; seq. "semper sunt" om. V.

74. . . . contradictionis sit / om. BEPP_3P_4.

75. om. EPV.

76. *tempore* add. EP; transp. P_3P_4V; seq. "verum" om. BP$_3$.

77. om. P_3P_4V; *est* add. P; seq. om. P_3P_4.

78. om. V.

79. non sequitur/om. P_3P_4; *quod* add. EV.

80. om. PP$_3P_4$; post seq. *nunc* V.

81. quae non.../om. PP$_3P_4$; post praec. *non* add. B; pro seq. "ergo potest" *et tamen non* P_3P_4.

82. *modo* V; *prius* P_3P_4; pro seq. *scivit* P_3P_4.

83. *contingit* B.

84. *cognoscibilium* EPP$_3P_4$.

85. om. V.

86. *sedebit* V (corr. pro *sedet*) B.

87. *aequivalent* PP$_3P_4$.

88. *sed* V.

tunc[89] scit istam: Sortes sedit, quia haec est vera, et non istam: Sortes[90] sedet, quia haec est falsa.[91]

H   Tertio[92] sic: Eius scientia potest augeri, quia potest scire plura quam scit, et potest diminui, quia potest scire pauciora quam scit; igitur potest mutari.

Dico, quod nec potest augeri nec minui, quia ipsa est indistincta respectu omnium. Sed potest vere numerus praescitorum augeri vel diminui?[93] Potest dici, quod in sensu compositionis haec[94] est falsa, quia haec est impossibilis: Numerus praedestinatorum[95] est auctus vel diminutus, quia tunc denotatur, quod numerus praedestinatorum est primo maior et postea fit[96] minor vel econverso. Et hoc est falsum, quia ista opposita non possunt successive[97] verificari, quia quicumque est praedestinatus, ab aeterno fuit[98] praedestinatus, quia omnis propositio simpliciter[99] de futuro, quae non connotat aliquod praeteritum vel praesens, si semel sit[100] vera, semper fuit vera. In sensu[1] divisionis potest concedi, quia non denotatur plus, nisi quod praeter illos, qui nunc sunt praedestinati, potest aliquis praedestinari. Et hoc est verum. Et[2] tamen, si ista propositio ponatur in esse, concedendum est, quod ille qui nunc est de numero praedestinatorum, semper fuit de numero illorum, et quod ille numerus qui prius ponebatur numerus non fuit numerus praedestinatorum sed alius numerus maior; sicut ex hoc quod una propositio de possibili ponitur in esse, quaelibet sibi repugnans est neganda, sicut ex hoc quod ponitur in esse: Possibile est Sortem sedere, debet haec negari: Sortes stat.[3]

---

89. *Deus* PV; *non* add. EPP₃P₄; post seq. *sed* add. P₃P₄.

90. sedit.../om. BPP₃P₄; textus corruptus propter homoioteleuton; secuti sumus V (E transp.).

91. quia.../om. EPP₃P₄.

92. *arguitur* add. PP₃P₄.

93. quia.../om. BEPP₃P₄; *et* add. EP₃P₄; in seq. *composito* PP₃P₄V.

94. om. V.

95. *eorum* EP.

96. *sit* PP₃; om. V.

97. *simul* V.

98. *est* V.

99. *simplex* P; seq. "de futuro" om. BEP; seq. "non" om. V.

100. *fuit* P; *fuerit* P₃P₄.

1. *vero* add. E; *proprio* add. V.

2. *quia* EP; om. V; seq. om. V.

3. sicut ex hoc quod una.../om. P₃P₄; *ut patet erudito in obligatoria arte* add. E.

J   Quarto arguitur[4] sic: Quicumque non scit A propositionem contingentem, et potest scire A, potest incipere scire A, quia non videtur, quod affirmatio sit vera post negationem, postquam non fuit vera, nisi incipiat esse vera; igitur si[5] non scit A propositionem, et[6] potest scire A,[7] potest mutari.

Dico, quod si per A intelligas propositionem contingentem de praesenti,[8] tunc illa propositio est vera, et concedo tunc conclusionem, scilicet quod Deus potest incipere scire A. Sed non sequitur ultra: igitur mutatur[9] — patet prius.[10] Si autem per A intelligas propositionem contingentem de futuro, sic illa non est vera; quia ad hoc quod esset vera, oporteret quod illae duae essent successive verae: Deus non scit A, Deus scit A, quae[11] non possunt sic[12] esse verae: Quia sicut nihil est scitum a Deo nisi verum, ita omne[13] verum est scitum a Deo; et ideo si A sit vera, semper fuit[14] vera, et per consequens semper fuit scita a Deo: et ultra, igitur haec numquam fuit vera: Deus non scit A, et per consequens ista conclusio[15] non sequitur, quod Deus potest incipere scire A, quia numquam sequeretur, nisi primo haec esset vera: Deus[16] non scit A, et post hoc Deus scit A.

K   Quinto sic: Si Deus non scit A et potest scire A, hoc erit per intellectum, igitur est ibi[17] potentia naturalis activa; sed talis non potest agere, postquam non egit, sine mutatione; igitur Deus mutatur.

---

4. *arguo* BV.
5. om. V.
6. *quod* V.
7. *Per istam regulam: si oppositum in opposito et propositum in proposito, etc. Dico ad istam, quod consequentia non valet, et illa (regula* P₄) *debet intelligi, quando arguitur ex opposito consequentis ad oppositum antecedentis. Et hic arguitur econverso. Et ideo est fallacia consequentis. Igitur si non* (interl. illegibilis P₃) *scit A et potest scire A* add. P₃P₄.

8. *praeterito* EPP₃ (corr.) P₄.
9. *potest mutari* V.
10. *primum* BEP; supra *sicut patet* EP; om. P₃P₄.
11. *quia* V.
12. om. PV; *simul* P₃P₄; B corr. in "sic" pro *successive.*
13. *quod est* add. V.
14. *erit* BEPP₃P₄.
15. om. V; et seq. "quod" om. V.
16. om. V.
17. om. PP₃P₄.

Dico, quod ista propositio: Potentia naturalis non potest agere, etc., est vera, quando istae propositiones possunt successive verificari: Talis potentia agit, Talis potentia non agit, et quando non, non.[18] Unde si istae possent[19] esse[20] successive verae: Deus intelligit A futurum contingens, Deus non intelligit illud, sequeretur, quod Deus mutabilis esset, quia non posset salvari per mutationem futuri contingentis, quia illud non potest mutari de veritate in falsitatem, ita quod sit primo verum et[21] postea falsum. Quia sicut frequenter dictum est, quantumcumque ponatur, quod Deus non intelligat A, quia est falsa et potest esse vera, si ponatur in esse, quod haec sit vera, haec tunc est vera: Deus intelligit A, et semper fuit vera: Deus intelligit A,[22] et per consequens haec semper fuit falsa: Deus non intelligit A; sicut si[23] una pars contradictionis semper fuit vera, altera semper fuit[24] falsa, et econverso.

[Quartus articulus]

L   Quarto* arguitur: Quod Deus habeat[25] scientiam necessariam de futuris contingentibus, quia sequitur: Deus scit A immutabiliter, igitur necessario. Consequentia probatur, quia non ponitur in Deo nisi necessitas[26] immutabilitatis, igitur quidquid est in eo immutabiliter, est in eo necessario.

Dico, quod hoc potest intelligi dupliciter: Uno modo quia[27] scientia Dei, qua sciuntur futura contingentia, sit necessaria; et hoc est verum, quia ipsa essentia divina est unica cognitio necessaria et immutabilis omnium tam com-

---

*Cf. Scotum, *Oxon.*, l.c., n. 5 (p. 614), et n. 31 (p. 653). Cf. Ockham, *I Sent.*, d. 38, q. 1, N (contra "aliquos artistas").

18. et.../om. EPP₃P₄.
19. *possunt* BPP₃.
20. *ut* add. B.
21. om. PP₃P₄V.
22. et.../om. EPP₃P₄; seq. ...A / om. P₂P₄.

23. om. B.
24. *erit* BP.
25. *limitatam* add. BEP₃P₄.
26. *scientia* EPP₃P₄V; sed corr. B, et recte quidem (cf. Scotum, l.c., n. 5: Probatio consequentiae, primo quia non ponitur in Deo necessitas nisi immutabilitatis...); pro seq. *immutabilis* P₃P₄V.
27. *quod* P₃P₄V.

plexorum quam incomplexorum, necessariorum et contingentium. Secundo[28] modo, quod per illam scientiam sciantur necessario futura contingentia; et sic non est necessaria nec debet concedi, quod Deus habeat[29] scientiam necessariam de futuris contingentibus sed potius contingentem, quia sicut hoc futurum contingens contingenter erit, ita Deus scit ipsum contingenter fore, quia potest non scire ipsum fore,[30] si ipsum scit.[31]

Tunc ad argumentum dico, quod consequentia[32] non valet, quia quamvis ipsa scientia[33] sit immutabilis et obiectum[34] scitum scilicet futurum contingens sit immutabile sic, quod non potest esse primo verum et postea falsum, sicut frequenter dictum est, non tamen sequitur, quod necessario Deus scit illud,[35] sed contingenter: Quia licet ipsum A non possit mutari de veritate in falsitatem nec econverso, tamen est contingens, et ita potest esse falsum et per consequens non sciri a Deo, et ita contingenter scitur a Deo et non necessario. Est igitur ibi[36] fallacia consequentis, quia sequitur[37] econverso et non[38] sic. Similiter hic est fallacia consequentis: A non potest esse primo[39] verum et postea falsum, igitur[40] non potest esse falsum, quia sequitur econverso et non sic.[41]

Et quando probatur consequentia, quod[42] ibi non est necessitas nisi immutabilitatis,[43] concedo, quia alii modi necessitatis,[44] scilicet coactionis, etc., non ponuntur in Deo propter imperfectionem. Et ideo bene sequitur: Ibi[45] est necessarium, igitur est immutabile, et non econverso, quia

---

28. *Alio* EPP₃P₄.
29. quod.../om. V.
30. quia.../om. P₃P₄V.
31. *sit* E; si.../om. PP₃P₄.
32. dico.../om. V.
33. om. V.
34. *oppositum*(!) B; *omnium* (*scit futurorum*) V.
35. Deus.../om. V.
36. om. EPP₃P₄.

37. *et* add. B.
38. et non/*non autem* PP₃P₄.
39. om. V.
40. *A* add. EPP₃P₄.
41. et.../om. V.
42. *quia* P₃P₄V.
43. *immutabilitas* P₃P₄V.
44. om. EPP₃P₄; seq. om. P₃P₄V; in seq. "etc." om. V.
45. *illud* EP; seq. "est" om. P₃P₄V.

omne necessarium est immutabile, et non econverso,[46] nisi
loquendo de illis immutabilibus, quae sunt ipse Deus. Multa
enim complexa sciuntur a Deo immutabilia, quae tamen
non sunt necessaria sed simpliciter contingentia.

M   Secundo arguitur[47] sic: Omne possibile est mutabile,
igitur omne immutabile est necessarium; sed scientia Dei
est immutabilis, igitur, etc. Vel sic: Hoc est mutabile, igitur
est contingens; igitur similiter: Hoc est immutabile, igitur
est necessarium; per illam regulam: Si oppositum de opposito, et propositum de proposito.[48]

Dico ad illam,[49] quod consequentia non valet. Ad regulam dico, quod habet intelligi, quando arguitur ex opposito
consequentis ad oppositum antecedentis; sed[50] hic arguitur
econverso, et ideo est fallacia consequentis.[51]

N   Tertio[52] sic: Quidquid potest esse in Deo, de necessitate
est Deus,[53] quia est immutabilis; sed scire A[54] potest esse
in Deo; igitur necessario est in Deo, igitur necessario
scit A.[55]

Dico, quod illud, quod est in Deo vel potest esse in eo
formaliter, necessario[56] est Deus; sed scire A non est sic
in Deo sed tantum per praedicationem, quia est quidam
conceptus vel nomen, quod praedicatur de Deo et aliquando non; et non oportet[57] quod sit Deus, quia hoc nomen "Dominus"[58] praedicatur de Deo contingenter et ex
tempore et tamen non est Deus.

O   Quarto sic:[59] Omnis perfectio simpliciter est in Deo necessario; sed scire A est huiusmodi, ergo, etc. Minor probatur, quia aliter Deus non esset perfectus,[60] si nesciret A,

---

46. quia.../om. P₄V.
47. *arguo* BE.
48. per.../om. P₃P₄ (cf. supra 7,
p. 27); si.../*ab opposito oppositum
et de proposito propositum* E.
49. *secundam rationem* add. EP₃P₄;
regulam add. V.
50. *et* EP.
51. Ad regulam.../om. P₃P₄ (cf.
supra 7, p. 27).
52. *arguitur* add. V.

53. de.../*est Deus necessario* V.
54. *Dei* V.
55. scit A/*est Deus* V.
56. om. EPP₃P₄.
57. *sic* add. B; supra post "et" *ideo*
add. V.
58. *sciens tale* E; *Deus* PV; *Deus
creator* P₃P₄ (et om. "non").
59. om. BE.
60. *imperfectus* E; pro seq. *nisi
sciret* EPP₃P₄; *si non sciret* V.

quia non est imperfectus nisi propter[61] carentiam alicuius perfectionis simpliciter; igitur necessario scit A.

Dico,[62] quod aliquando accipitur perfectio simpliciter pro perfectione quae est Deus, cui non potest addi aliqua perfectio; et sic scire A[63] non est perfectio simpliciter, quia est conceptus vel vox. Aliquando accipitur pro aliquo[64] conceptu, ex cuius negatione ab aliquo sequitur ipsum esse imperfectum; et sic adhuc scire A non est perfectio simpliciter, quia non sequitur: Deus non scit A, igitur Deus est imperfectus; quia si A sit falsum, tunc[65] Deus non scit A.

Si dicatur, sequitur:[66] Deus non scit A,[67] A est verum, igitur Deus est imperfectus — concedo, quod si ambae praemissae sint verae, quod[68] tunc sequitur conclusio. Sed ex veritate primae per se[69] non sequitur aliqua imperfectio in Deo, quod tamen requiritur ad hoc, quod esset perfectio simpliciter. Exemplum: Ex veritate istarum duarum: Deus non est dominus,[70] et: Homo est servus, sequitur imperfectio in Deo, scilicet quod non sit dominus cuiuslibet servi; sed[71] ex prima per se nulla sequitur imperfectio in Deo, quia posito quod nulla creatura sit, tunc non sequitur: Deus non est dominus,[72] est igitur imperfectus.

P   Quinto[73] sic: Omne scitum a Deo fore necessario erit; A est scitum a Deo fore; igitur necessario erit. Maior est de necessario, quia praedicatum necessario inest subiecto;[74] et minor est de inesse simpliciter, quia est vera pro aeternitate;[75] igitur sequitur conclusio de necessario.[76]

Dico, quod maior est falsa, quia exprimit sensum divi-

---

61. *aliqualem imperfectionem suam per* add. V.
62. *Dicendum* B.
63. om. P₃P₄V.
64. om. EPP₃P₄.
65. om. PV.
66. om. PP₃P₄V.
67. *et* add. EPP₃P₄.
68. om. P₃P₄V; pro seq. *sequitur quod conclusio sit vera* E; supra sunt P₃P₄V.

69. *praemissae* P₃P₄ (V corr.?).
70. om. V.
71. . . .Deo/om. P₃P₄; pro seq. "per se" *parte* E (V?).
72. *Deus* EP; seq. om. B.
73. *Quarto* V; *ad idem* PP₃P₄; seq. om. P₃P₄.
74. . . .quia/om. P₃P₄.
75. *tempore determinato* P₃P₄; igitur . . ./om. E.
76. sequitur. . ./om. P₃P₄.

sionis; et[77] multa scita a Deo fore contingenter erunt et
non necessario,[78] et ideo sequitur conclusio falsa. Si autem
maior accipiatur in sensu compositionis, ita quod haec sit
necessaria: Omne scitum a Deo [*fore*][79] erit, tunc mixtio
non valet, quia minor est de inesse ut nunc, et ideo non
sequitur conclusio.[80]

[QUAESTIO TERTIA SEU DUBIUM TERTIUM]

A   Tertium dubium: Quomodo potest salvari contingentia
voluntatis creatae et increatae[81] in causando aliquid extra,
utrum scilicet voluntas ut prior naturaliter actu causato
potest causare actum oppositum in eodem instanti, in quo
causat actum illum, vel[82] in alio instanti sequenti possit
causare actum oppositum[83] vel cessare ab actu illo causato?
Dicit hic Scotus,* quod in voluntate creata est duplex
potentia ad opposita: una manifesta, et illa est ad opposita
obiecta sive ad oppositos actus cum successione, ita quod
potest velle aliquid in A instanti et non velle illud sive
nolle illud in B instanti; alia est potentia non manifesta,
quae est ad opposita sine successione. Imaginatur[84] enim,
quod in eodem instanti temporis sunt plura instantia naturae, et tunc si esset nunc voluntas creata et tantum ma-
neret per unum instans et vellet[85] tunc aliquod obiectum[86]
contingenter, quod voluntas ipsa ut prior naturaliter ista volitione habet potentiam ad oppositum actum pro eodem instanti durationis, in quo ponitur ille actus, ita quod[87] ut

---

*Oxon., l.c., nn. 16 *et seq.* (p.
628); cf. Ockham, *I Sent.*, d. 38, q. 1,
B et E.

77. *quia* PP₃P₄.
78. et.../om. V.
79. om. P₃P₄; *necessario* BEPV; textum evidenter corruptum restituimus
per coniecturam, substituentes pro
modo "necessario" partem dicti "fore,"
ut propositio efficiatur modalis in
sensu compositionis.

80. *Quare, etc.* add. E.
81. et.../om. PP₃P₄; *videlicet* E.
82. *quia* add. EV; *quod* add. P₃P₄.
83. in eodem.../om. P; pro seq. *et*
EPP₃P₄.
84. *imaginetur* B.
85. *nullum*(?) P.
86. *oppositum* PP₃P₄V; pro seq.
contingere P; *contingit* P₃P₄; *contingenter vellet istud* add. V; *vellet ita*
add. E.
87. ita quod/om. B(E transp.)PP₃;
et ita P₄.

prior naturaliter potest nolle illud pro illo instanti; et ideo vocatur ista potentia non manifesta, quia est ad oppositos actus pro eodem instanti temporis sine omni[88] successione.

B   Contra illam opinionem:[89] Illa potentia, quae per nullam potentiam potest reduci ad actum, non est potentia[90] realis nec realiter ponenda; haec potentia non manifesta est huiusmodi; ergo, etc. Minor probatur: quia si sic, tunc haec est vera pro A instanti:[91] Voluntas vult hoc; sed per te pro eodem instanti respectu non velle potest reduci ad actum; ergo pro eodem instanti[92] istae essent simul verae: Voluntas vult hoc, Voluntas non vult hoc, et sic contradictoria erunt simul vera.

Si dicatur, quod si reducatur ad actum, ita quod haec sit vera:[93] Voluntas pro A instanti non vult hoc, tunc sua opposita erit falsa: Voluntas vult hoc in A instanti, sicut secundum te, quamvis haec modo sit vera: Petrus salvabitur, si tamen ponatur, quod Petrus damnetur, haec tunc est vera: Deus non vult Petro beatitudinem[94] — contra: Omnis propositio mere[95] de praesenti, si sit vera, habet aliquam de praeterito necessariam; sed haec: Voluntas vult hoc in A instanti, est vera per positionem et est mere de praesenti; igitur haec erit semper[96] postea necessaria: Voluntas voluit[97] hoc in A instanti; igitur post A instans ista non potest esse vera: Voluntas non voluit hoc in A instanti. Confirmatur: Si post A haec semper[98] fuit necessaria: Voluntas voluit[99] hoc pro A instanti, igitur post A[100] sua opposita semper fuit impossibilis; et ultra igitur post A semper fuit et erit verum dicere, quod haec propositio non potuit[1] esse vera in A: Voluntas non vult hoc oppositum, quia tunc

88. om. V.
89. *arguitur sic* add. PP₃P₄; *primo sic* add. V.
90. om. EPP₃P₄.
91. *per A instans* BE.
92. respectu.../om. BEPP₃P₄.
93. sit vera/om. EPP₃P₄.
94. *Petrum beatificare* V; post seq. *arguitur* add. PP₃P₄.
95. *vera* V.
96. om. V.
97. et in seq. *vult* V.
98. om. V.
99. *vult* V.
100. Confirmatur.../om. PP₃P₄.
1. *possit* B.

sua opposita fuit vera, haec scilicet:[2] Voluntas voluit[3] hoc
pro A[4] instanti.

C   Responsio igitur consistit in hoc, quia[5] si voluntas vult
hoc in A,[6] post A erit semper haec necessaria: Voluntas
voluit[7] hoc in A,[8] et tunc si sua potentia non manifesta posset[9] reduci ad actum in A instanti, vel[10] contradictoria erunt
simul vera post A instans, vel[11] post A illa propositio quae
est necessaria de praeterito, quia[12] habuit aliquam mere de
praesenti veram, erit[13] falsa, quia sua opposita erit vera.
Nec valet ista instantia, quando dicitur:[14] Haec modo est
vera: Petrus[15] salvabitur, quia illud est futurum contingens,
et in talibus non habet[16] praedicta propositio veritatem,
quia[17] omnis propositio de praesenti, etc.[18]

Sed dicis: Angelus secundum te in primo instanti suae
creationis potest peccare; tunc sic: Numquam peccat aliquis
nisi pro illo instanti, pro quo peccans habet actum suum in
potestate sua, ita quod potest pro eodem instanti actum
illum non elicere; quia da oppositum, quod non posset[19]
illum actum pro illo instanti non elicere, cum "non possibile non" aequipolleat "necesse esse," sequitur, quod in illo
instanti necessario elicit actum illum, et sic non peccat.

Respondeo: Hoc supposito dico, quod habet actum in
potestate sua, quia potest cessare in alio[20] instanti ita quod
pro uno instanti est haec vera: Voluntas vult, et pro alio
instanti haec est vera: Voluntas non vult. Et dico, quod
potest illum actum non elicere in A instanti, quia A cor-
rupto est haec vera: Voluntas illum actum potest non eli-

---

2. *voluntas fuit vera et haec scilicet* add. B.
3. *vult* V; *noluit* P₃P₄.
4. *per A* B; *in A* PP₃P₄; seq. om. B.
5. *quod* PP₃P₄V.
6. *igitur* add. EP₃P₄.
7. *vult* V.
8. *instanti* add. PP₃P₄V.
9. *potest* V.
10. *tunc* PP₃P₄.
11. *et* E.

12. om. V.
13. *est* V.
14. quando dicitur/om. V; post "haec" *non* add. E.
15. *modo* add. BE.
16. *potest habere* V.
17. *quod* E; om. V.
18. Nec.../om. P₃P₄.
19. *potest* V.
20. *aliquo* B.

cere in A, quia potest post A[21] cessare ab omni actu et A
est tunc corruptum et haec tunc est vera: Voluntas non
elicit illum actum in A.

Si dicatur: Stante A et actu elicito non potest voluntas
illum actum non elicere, igitur[22] in A necessario elicit propter aequipollentiam — dico, quod consequentia non valet,
quia aequipollentia secundum sententiam Philosophi[23] debet intelligi in propositionibus absolutis nulla facta suppositione; aliter sequerentur multa inconvenientia contra
Philosophum.

D   Ideo aliter dico ad istud dubium, quod in creaturis numquam est potentia ad opposita absoluta[24] nec ad oppositos
actus sine successione, nec in divinis respectu illorum, quae
non sunt futura contingentia. Et ideo quantum ad illam
potentiam non manifestam in voluntate[25] non teneo eum,[26]
quia in omnibus illis instantibus naturae errat.[27]

Sed quomodo tunc salvabitur contingentia voluntatis
respectu voliti ab ea? Respondeo, quod voluntas Dei ad
extra et voluntas creata in illo instanti in quo agit contingenter agit. Sed hoc potest intelligi tripliciter: Uno
modo quod ipsa prius duratione existens ante A instans, in
quo causat, potest libere et contingenter causare vel non
causare[28] in A, et iste intellectus est verus, si voluntas sic
praeexistat.[29] Secundo modo potest intelligi, quod in eodem
instanti, in quo causat, sit verum dicere, quod non causat;
et iste intellectus non est possibilis propter contradictoria,
quae sequuntur, scilicet quod causat in A et non causat in
A. Tertio modo potest intelligi contingenter causare[30] in

---

21. *postea* V; supra pro "quia"
et E.
22. *si* add. B.
23. *Philosophum* V.
24. *obiecta* V.
25. *sine successione* add. E.
26. *Scotum* E.

27. *errant* B; *erravit* E; *nec intelligit
seipsum* add. V; supra pro "illis instantibus" *conclusionibus vere* V.
28. *vel.../om.* V.
29. sic praeexistat/*sit* E; *sit etiam*
P; *etc.* P₃P₄.
30. om. BE.

A, quia libere sine omni variatione et mutatione[31] adveniente sibi vel alteri causae et sine cessatione alterius causae potest cessare in alio[32] instanti post A ab actu suo, ita quod in A instanti sit haec vera: Voluntas causat, et in alio instanti[33] post A sit haec vera: Voluntas[34] non causat; et sic voluntas contingenter causat in A, non sic autem naturalis causa contingenter causat.[35]

[QUAESTIO QUARTA SEU DUBIUM QUARTUM]

A   Quartum dubium est, utrum in praedestinato sit aliqua causa[36] praedestinationis et in reprobato aliqua causa reprobationis.*

Quod non sit[37] causa praedestinationis probatur, quia parvuli baptizati salvantur, et tamen numquam habuerunt merita, igitur, etc.

Item in angelis[38] praedestinatis non videtur praecedere meritum, igitur, etc.[39]

B   Dico, quod tam in praedestinatis quam in reprobatis est aliqua causa praedestinationis et reprobationis, accipiendo causam secundo modo dictam in nona suppositione, sed non primo modo. Nam ista consequentia[40] est bona: Iste peccat finaliter, ergo reprobabitur;[41] similiter ista: Iste perseverabit finaliter, ergo praedestinabitur.[42] Quia sicut Deus non prius est ultor quam aliquis sit peccator, ita non prius est remunerator quam aliquis sit iustificatus per gratiam. Cum hoc tamen dico, quod causa reprobationis et praedestinationis potest praecedere in praedestinato vel[43]

---

*Cf. Scotum, *Oxon.*, I, d. 41, q. u., nn. 11 *et seq.* (ed. cit., t. 10, pp. 697 *et seq.*) ; Ockham, *I Sent.*, d. 40, q. 1.

31. *corruptione* E; pro praec. *multiplicatione* V.
32. *aliquo* EPP₃P₄.
33. om. V; in A instanti.../*potest esse quod aliquando* E.
34. haec.../*verum dicere quod* E.

35. *Quaere in Ockham libro 1, d. 38 (28!* V) add. BV.
36. *suae* (bis) add. V.
37. *aliqua* add. E.
38. *aliis* V.
39. Item.../om. P.
40. *causa* B.
41. *reprobatur* EP.
42. *praedestinatur* E; seq. "sicut" om. V.
43. *et* V.

reprobato vel[44] in parentibus, sicut[45] parvulus decedens in
originali peccato punitur poena damni propter peccatum
parentum, sed non poena sensus nisi propter propria.[46]
Similiter propter bona opera parentis[47] potest puer bap-
tizatus salvari et sic per consequens praedestinari. Tamen
forte causa praedestinationis capit instantiam in Beata
Virgine et in[48] angelis bonis, si non meruerunt suam beatitudinem; si autem finaliter meruerunt,[49] non capit instantiam. Et sic patet ad duo[50] argumenta.

[QUAESTIO QUINTA SEU DUBIUM QUINTUM]

A   Quintum dubium est: Ex quo istae propositiones: Petrus est praedestinatus, Petrus est damnatus,[51] sunt oppositae, quare una non potest alteri succedere in veritate?
          Dico, quod[52] sicut patet ex praecedentibus, quod si illae
propositiones sint simpliciter de futuro non importantes
aliquod praesens positum in effectu nec aliquod praeteritum, non possunt successive verificari, nisi ista: Petrus est
praedestinatus, esset primo vera et postea falsa; sed hoc
est impossibile. Quia sicut dictum est prius, omnis propositio simpliciter de futuro, si semel sit vera, semper fuit
vera, quia non est maior ratio, quare magis sit vera in uno
tempore quam in alio. Et per consequens cum tales propositiones: Petrus est praedestinatus, etc., sint[53] aequivalenter de futuro simpliciter, si[54] istae propositiones[55] possent sic[56] verificari, et[57] constat quod non possunt[58] esse

---

44. *et* E; om. PP₃P₄ (lacuna).
45. *etiam* add. V.
46. *peccata* P; *quod* add. V; pro
seq. *Contra* P.
47. *parentum* PP₃P₄V.
48. *aliis* add. B.
49. *tunc* add. B.
50. om. B; post seq.: *Quaere Occam
et Scotum et elige quod placet* add.
BV; Et sic.../*Quare patet ad duo
argumenta solutio et sic elige quod vis
vel placet* E; Cf. Scotum, l.c., n. 13

(p. 699): "eligatur quae magis placet."
51. *reprobatus* E.
52. om. E; pro seq. *sic* P.
53. *sunt* P₃P₄V.
54. *sed* PP₃P₄.
55. *non* add. EP₃P₄.
56. *successive* add. V.
57. *sed* P; om. EV;...verae/om. P₄.
58. *possent* (corr.?) B; pro seq.
verificari PP₃.

simul verae, quia inferunt contradictoria[59] esse simul vera,
igitur si haec sit modo vera: Petrus est reprobatus,[60] cum
sit de futuro simpliciter, postea[61] semper fuit vera et per
consequens fuit vera, quando sua opposita fuit vera, et sic
contradictoria simul essent[62] vera.

Confirmatur: Quia propositiones non mutantur de[63]
veritate in falsitatem nisi propter mutationem rei secundum Philosophum in Praedicamentis.* Sed nulla mutatio
est in Deo nec in Petro nec in quacumque[64] alia re, quare
haec est primo vera: Petrus est praedestinatus, et postea
falsa. Et hoc dico, ut sit[65] simpliciter de futuro et ante
beatitudinem collatam. Sicut si haec sit modo vera: Tu
sedebis cras, nulla mutatione facta in te vel in quocumque
alio, non potest[66] [Deus] facere illam propositionem falsam
ante diem crastinum, ita quod sit verum dicere: Haec propositio: Tu sedebis cras, prius fuit vera et modo est falsa.
Igitur impossibile est, quod istae propositiones sic[67] mu-
tentur de veritate in falsitatem.[68]

B   Si dicas, quod si hodie corrumparis, tunc est haec falsa:
Tu sedebis cras, et prius fuit vera per te, igitur propter talem
mutationem in te[69] potest haec propositio mutari de veritate in falsitatem; et eodem modo si Petrus sit modo praedestinatus et postea moriatur in finali impoenitentia,[70] erit
tunc reprobatus; igitur propter mutationem factam in Petro
per actum peccati potest ista propositio: Petrus est praedestinatus, mutari de[71] veritate in falsitatem — dico, quod
sicut frequenter dictum est: si ponatur, quod aliquis praedestinatus finaliter peccet, quod tunc haec est vera: Iste

---

*L.c., cap. 3 (vel 5) (22) (ed.
Didot, t. 1, p. 6).

59. quod ipsae possent esse simul
verae vel E et add. post seq. "haec"
contradictoria.
60. praedestinatus V.
61. ponamus (corr.) B; oportet E;
om. PP₃P₄; pro seq. erit P₃P₄; sit EP
(EP sit bis pro seq. "fuit").
62. sunt P₃P₄V.

63. a EPP₃P₄ (et in seq.).
64. aliqua EPP₃P₄.
65. ut.../si sint V.
66. potes V; seq. coniectura est
additio nostra.
67. om. PP₃P₄V.
68. et econverso add. V.
69. re PP₃P₄.
70. finaliter in peccato corr. sic
marg. V; seq. "tunc" om. V.
71. a PP₃P₄V.

est reprobatus, et haec semper fuit[72] vera: Iste est[73] reprobatus, et per consequens sua opposita est nunc falsa et semper fuit falsa. Et eodem modo, si tu corrumparis hodie,[74] tunc haec propositio: Tu sedebis cras, nunc est falsa, et semper fuit falsa, et eius opposita semper fuit vera. Et[75] super istam responsionem[76] quasi stat tota difficultas in illa materia.[77]

72. hic et in sequentibus, B semper cancellat "u" in "fuit."
73. *fuit* V.
74. *cras* B.
75. om. P; *Unde* P₃P₄.
76. *rationem* E; *ratione* PP₃P₄; seq. om. PP₃P₄.
77. *Amen. Explicit tractatus de futuris contingentibus et praedestinatione divina editus a fratre Wilhelmi occham ordinis fratrum (praed.* cancell.) *minorum.* add. B; *igitur, etc. Explicit tractatus de praededestinatione et futuris contingentibus reverendi fratris Guillelmi occham ordinis fratrum minorum. Sit laus Deo* add. P; *ideo, etc. Explicit tractatus ochkaim (ocham* P₄) *de praedestinatione et futuris contingentibus* add. P₃P₄; *Explicit tractatus de praedestinatione et praescientia sive de futuris contingentibus editus a venerabili fratre Guillelmo ocham (*interl.) *sacrae paginae professore ordinis fratrum minorum* add. V.

PROBLEMS CONNECTED
WITH THE TRACTATUS

PROBLEMS CONNECTED
WITH THE TRACTATUS

Ockham in this tract is mainly interested in a logical consideration of the theological problems of predestination and the foreknowledge of God in regard to future contingent facts. One can have a satisfactory understanding of his discussion only by adhering rigidly to the meaning which the *Doctor plus quam Subtilis* invested in the terms which he used. For this reason, we shall first present some definitions and formulate some preliminary statements. Then we shall proceed to express the main theses of the treatise, avoiding, however, purely theological problems. Specifically, we shall pass over Ockham's own theory of the manner in which God knows future contingent facts. In regard to this problem, we refer the reader to our article, "Ockham's 'Tractatus de Praedestinatione' and its Main Problems," in *Proceedings of the American Catholic Philosophical Association*, Vol. 16 (1940), pp. 189-191, and to Hermann Schwamm, "Das göttliche Vorherwissen bei Duns Scotus und seinen ersten Anhängern," in *Philosophie und Grenzwissenschaften*, V. Band, 1/4 Heft, (1934) Felizian Rauch, Innsbruck, pp. 126-130. Finally, we shall treat in detail the problem of a three-valued logic as seen by Ockham.

I. PRELIMINARY EXPLANATIONS

In this section we present and discuss some definitions and statements which, explicitly or implicitly, are at the basis of Ockham's treatise on Predestination and the Divine Prescience of future contingent facts.

1. *Definitions*

(A) *Futurum Contingens.* So far as we are aware, Ockham never gives an explicit definition of this expression. Evidently he takes it in the commonly accepted sense. We may, therefore, say the following:

By *futurum* we are to understand "an event of the future." *Contingens* may be taken (a) either in an ontological meaning — and then it denotes the mode of existence of an event which is neither impossible nor necessary; or (b) in a logical meaning — and then, if added to a proposition, it forms a modal proposition and denotes that either the proposition or the predication of the predicate about the subject is not impossible and not necessary.[1] The term *contingens* occurs in both meanings in our tract. But the complex *futurum contingens* contains *contingens* in its ontological meaning. We may, therefore, define *futurum contingens* with Peter d'Ailly.

Illud, quod erit et potest non fore, vel quod non erit et potest fore.[2]

Contingency, as the mode of existence opposed to both necessity and impossibility, has its ontological root in a created or uncreated free will. Liberty, therefore, is the cause of contingency. Ockham defines liberty thus:

Voco libertatem potestatem, qua possum indifferenter et contingenter effectum ponere, ita quod possum eundem effectum causare et non causare, nulla diversitate circa illam potentiam facta.[3]

(B) *Scire.* This term assumes two meanings in this tract. (a) In a wide sense, it simply means "to have knowledge of, or to know, something." This "something," or the object of the act of knowing, may be a term (*incomplexum*), or a proposition (*complexum*) which may be necessary, contingent, false or impossible. "To know," taken in this sense, does not warrant the consequence: "God knows a proposition; consequently the proposition is true." (b) In a strict sense, *scire* means "to have knowledge of, or to know, something true" — i. e., a true proposition. "To know," taken in this sense, does warrant the consequence: "God knows a proposition; consequently the proposition is true."

Both senses of *scire* are applied to God (cf. Quaestio I[a], Suppositio VII[a], Q).

A third meaning of *scire* — "to know a necessary conclusion from

---

1. Cf., for instance: "Quinto notandum est, quod possibile et similiter contingens dupliciter accipiuntur ad praesens: Uno modo dicitur possibile illud, quod non est impossibile, et sic omne necessarium est possibile, alio modo dicitur possibile illud quod non est necessarium nec impossibile, et sic haec non est possibilis: Homo est animal, nec aliqua propositio necessaria. Et eodem modo potest contingens accipi illis duobus modis. Verumtamen ut frequenter accipitur contingens pro illo, quod non est necessarium nec impossibile, et possibile pro illo, quod non est impossibile" (*Expositio Aurea, Perihermenias,* l. II, ad: *Est ergo negatio . . .* [revised text, cf. Appendix II]).
As to the various meanings of the term "contingens" in Aristotle's logical writings, cf. Albrecht Becker, *Die Aristotelische Theorie der Möglichkeitsschlüsse* [Berlin, 1933], pp. 7 *et seq.* In our definition "event" is taken as referring not only to accidents, but to substance as well.

2. *Quaestiones Magistri Petri de Aylliaco super l. Sententiarum* (Argentinae [Strassburg], 1490), q. 12, B.

3. *Quodlibet,* I, q. 16 (ed. Argentinae), 1491.

necessary premises, or as the result of a demonstration in the strict sense" — is not applied in this treatise.[4]

(C) *Praedestinare* and *Reprobare.* Since both terms have a corresponding definition, it will suffice to explain the first term. *Praedestinare,* in the active mood of the verb, means, "God will give eternal life to someone." Hence it signifies three things or realities: God, eternal life and a created person. So does the verb in the passive mood. From this it is clear that any proposition containing the verb *praedestinare* in any mood is a proposition about the future. *Reprobare* correspondingly means, "God will inflict eternal punishment on somebody" (cf. Quaestio I[a], Suppositio I[a], K).[5]

(D) *Causa.* The term assumes two meanings in this tract. (a) In the first sense, a cause is a thing or reality which has another thing or reality as effect; that is to say, cause is that to the existence of which something follows. In other words, if a thing is a cause, when this thing is posited, another thing, or its effect, is posited also; and if it is not posited, the other thing cannot be posited either. (b) In the second sense, a cause is a proposition that is prior to another proposition by a certain priority, viz., a relationship such that the second proposition follows from the first by a natural consequence. Hence cause in this sense means the priority of a proposition over another proposition as regards consequence. If, therefore, there is a natural consequence from one proposition to another proposition, but not *vice versa,* then we call the first proposition the cause of the second proposition (cf. Quaestio I[a], Suppositio IX[a], S).[6]

---

4. Cf., for instance: "Quarto modo dicitur scientia notitia evidens veri necessarii nata causari ex notitia evidenti praemissarum necessariarum applicatarum per discursum syllogisticum" (*Expositio super libros Physicorum,* prologus [not yet edited]).

5. Cf. also: "Circa primum dico, quod praedestinatio non est aliquid imaginabile in Deo distinctum quocumque modo a Deo et personis et deitate, ita quod non est aliquis actus secundus adveniens deitati, sed importat ipsum Deum, qui est daturus alicui vitam aeternam: et ita importat ipsum et vitam aeternam, quae dabitur alicui. Et eodem modo est de reprobatione, quod importat Deum daturum alicui poenam aeternam, et nihil adveniens Deo" (*Ordinatio,* d. 41, q. u., F [revised text, cf. introduction to Appendix I]).

6. Cf. also: "Circa secundum de causa distinguo, quod dupliciter accipitur: Uno modo pro re aliqua habente aliam rem tamquam effectum: et isto modo potest dici causa illud, quo posito aliud ponitur, et non ponitur illud aliud sine eo. Alio modo accipitur causa non pro re aliqua respectu alterius rei, sed magis denotat quandam prioritatem unius propositionis ad aliam secundum consequentiam; sicut si dicamus quod causa quare ignis non calefacit est quia non habet calorem vel quia non est approximatum passo: et sic dicitur frequenter, quod antecedens est causa consequentis, et tamen non est proprie nec causa efficiens nec materialis nec formalis nec finalis. Unde quando ab una propositione ad aliam est

This second definition of cause clearly needs further elucidation. We could avoid the difficulty that it presents by saying that in a formal consequence the antecedent can be called the cause of the consequent, and meaning by "cause" the logical priority of the antecedent in such a formal consequence. But this explanation would not be to the point. For Ockham does not speak of a *formal* consequence, but only of a *natural* consequence.

In order to reach a clearer understanding of the meaning of natural consequence, let us first state that Ockham knows perfectly the difference between a formal and material consequence, or between a formal and material implication. According to him, a formal consequence holds between two propositions because of an exterior medium or rule, directly or indirectly. These rules regard the form or structure of the propositions, and not their truth or falsity, necessity or impossibility, etc. On the other hand, material consequence holds between two propositions precisely because of the truth-values of the propositions. Some formal consequences are valid only on the basis of general rules or of a *medium extrinsecum,* as for instance: From an exclusive proposition to the (corresponding) universal proposition, the terms having been transposed, there is a good (i. e., valid) consequence. Other formal consequences are valid directly through a *medium intrinsecum* (i. e., the relation of terms, as between *homo* and *animal,* for instance), and indirectly by the application of a general rule; thus the consequence, *Homo currit, animal currit,* is valid by means of the general rule, *Ab inferiore ad superius sine distributione valet consequentia.* In a material consequence, however, none of these extrinsic or intrinsic means is given nor do they justify the implication; its validity is guaranteed simply by the truth-values of its antecedent and consequent; that is, such a consequence is false if, and only if, the antecedent is true and the consequent false. An instance of such a material consequence would be, *Si homo currit, Deus est.*[7]

---

consequentia [*formalis* add. Ma] naturalis et non econverso, tunc potest aliquo modo dici, quod antecedens est causa consequentis et non econverso. Verumtamen hoc vel raro vel numquam contingit, nisi quia in re aliquid est causa alterius vel potest esse vel fuit" (*Ordinatio,* d. 41, q. u., F [revised text, cf. introduction to Appendix I]).

7. "Alia distinctio est, quod consequentiarum quaedam est formalis, quaedam materialis. Consequentia formalis est duplex: quia quaedam tenet per medium extrinsecum, quod [*et* BP; *quae* E] respicit formam propositionis [*propositionum* A₃BE], sicut sunt tales regulae: Ab exclusiva ad universalem de terminis transpositis est bona consequentia; ex maiore de necessario et minore de inesse sequitur conclusio de necessario, et huiusmodi. Quaedam tenet per medium extrinsecum respiciens generales conditiones propositionis [*propositionum* A₃BENN₁; pro seq.

What, then, is a *consequentia naturalis?* In our opinion, it is that consequence which is given in causal propositions expressed or formed by the conjunction *quia* or some similar expression. In causal propositions the antecedent is the cause of the consequent, if "cause" is taken in this wider sense and not in the first and stricter sense. This interpretation is confirmed by Ockham in his treatment of causal propositions in the *Summa Logicae.* Since such a causal proposition is true if, and only if, both propositions connected by the conjunction are true, and if in addition some relation or connection exists between the first and the second (viz., the relation of being prior and being the reason for the truth of the second), it cannot be material implication or consequence; nor can it be formal implication or consequence, since it can refer to an extra-logical relation of priority. Nevertheless, the logical and formal consequence seems to be included in, or to be a sub-class of, this natural consequence, as is suggested by one of Ockham's examples.[8]

Hence we may say that a natural consequence is the connection between two propositions by the conjunction *quia,* so that this connection is true if, and only if, both propositions are true and the antecedent is prior to the consequent by a natural relation of priority.

---

ut ABrEMaN$_1$(?) ; *nec* FP: "nec" could almost be read in AMa also] non veritatem vel falsitatem, necessitatem vel impossibilitatem, cuiusmodi est ista: Sortes non currit, igitur homo non currit. Consequentia materialis dicitur, quando tenet ratione terminorum praecise et non ratione alicuius medii extrinseci respicientis praecise generales conditiones propositionum, cuiusmodi sunt tales: Si homo currit, Deus est; Homo est asinus, igitur Deus non est, et huiusmodi" (*Summa Logicae,* III [III], c. 1). Cf., as to the distinction within the *consequentia formalis,* also *Ordinatio,* I, d. 4, q. 1, H; and as to this text Jan Salamucha, "Logika zdan u Wilhelma Ockhama" ("The Logic of Propositions in William Ockham") in *Przeglad filozoficzny,* 38 (1935). I am indebted to Fr. Simon Zielinski, O. M. C., for a translation of this remarkable contribution. As to the sigla, cf. Appendix III.

8. Cf.: "Ad veritatem autem causalis requiritur, quod quaelibet pars sit vera, et simul cum hoc, quod antecedens sit causa consequentis. Et ideo ista non est vera: Sortes est albus, quia Plato est albus, quamvis utraque pars sit vera; quia tamen ista non est vera: Sortes est albus propter hoc quod Plato est albus, ideo est falsa. Et est sciendum, quod hic accipitur causa large et non stricte; non enim requiritur ad veritatem causalis, quod una propositio sit causa quare alia ponitur in esse, sed sufficit, quod exprimat causam requisitam ad hoc, quod alia propositio sit vera. Sicut est hic: Lignum calefit, quia ignis est ibi praesens. Per illud enim antecedens: Ignis est praesens ligno, exprimitur causa sine qua haec non esset vera: Lignum calefit. Ideo causalis ista est vera. Vel requiritur, quod propositio illa sit prior alia, ita quod praedicatum antecedentis prius praedicetur de subiecto suo, quam praedicatum consequentis praedicetur de subiecto suo. Et secundum hoc potest haec esse vera: Isoscheles habet tres, etc., quia triangulus habet tres. Et est sciendum, quod hic accipitur causa large, sive sit causa per se sive per accidens, sive voluntaria sive naturalis. Ex istis patet, quod omnes tales sunt falsae: Asinus est risibilis, quia est homo; Omnis homo peccat, quia est liberi arbitrii" (*Summa Logicae,* II, c. 33 [revised text]).

(E) *Propositio modalis* and *Sensus compositionis et divisionis.* Those propositions which contain a *modus* are called modal propositions. A *modus* is an expression which can be predicated about a proposition. Such *modi* are: *Impossibile, possibile, contingens, necessarium* (these are the four classical ones), *verum, falsum, scitum, opinatum,* etc.[9]

Modal propositions may have a *dictum* or may be without a *dictum.* A *dictum* is an *accusativus cum infinitivo* following or preceding the *modus.* For instance, *Possibile est Petrum damnari* is a modal proposition, in which *Petrum damnari* is the *dictum.*

The *sensus divisionis* of a modal proposition denotes that the *modus* determines the predicate. For instance, *Petrus potest damnari* or *Petrus possibiliter damnatur* illustrate the *sensus divisionis.*

The *sensus compositionis* of a modal proposition denotes that the *modus* determines the whole proposition. For instance, in the modal proposition, *Possibile est Petrum damnari,* the mode of possibility is predicated about the proposition, *Petrum damnari.*

Any modal proposition that contains a *modus* with a *dictum* is subject to a distinction. For it can be understood either in the *sensus compositionis* or in the *sensus divisionis.* No modal proposition without a *dictum* is subject to such a distinction (cf. Quaestio I[a], Suppositio VIII[a], R, and *Summa Logicae,* II, c. 9).

(F) *Verificare.* This term is always taken by Ockham in the sense of objective verification by a fact, and not as subjective verification by a person who ascertains a fact. For instance, the proposition, *Sortes sedet,* is verified by the fact that Sortes is sitting, whether the person who utters this proposition knows it or not.

(G) *Determinate verum vel falsum.* This expression does not mean that a *verum* or *falsum* (i. e., a proposition), is *necessarily* true, but only that a proposition is true, so that it is not false; or false, so that it is not true. Hence every true contingent proposition is determinately true, and every false contingent proposition is determinately false. *Determinate,* therefore, may best be translated by "definitely."

---

9. "Propositio dicitur modalis propter modum additum in propositione. Sed non quicumque modus sufficit ad faciendum propositionem modalem, sed oportet quod sit modus praedicabilis de tota propositione, et ideo proprie dicitur modus propositionis tamquam verificabilis de ipsamet propositione. Et a tali modo vel adverbio talis praedicabilis, si adverbium habeat vel verbum, dicitur proprie modalis. Sed tales modi sunt plures quam quatuor praedicti. Nam sicut propositio alia est necessaria, alia impossibilis, alia possibilis, alia contingens, ita alia propositio est vera, alia falsa, alia scita, alia opinata, alia dubitata, et sic de aliis" (*Summa Logicae,* II, c. 1 [revised text]).

2. *Preliminary Statements*

We present here a few statements which either are expressly formulated as suppositions by Ockham, or can be easily separated as suppositions from his discussions.

(A) Every proposition which contains the verb *praedestinare* or *reprobare* in any form is equivalent to a proposition about the future. This follows immediately from the definition of these terms as given above under (C), p. 45 (cf. Quaestio Iᵃ, Suppositio IVᵃ, N).

(B) Every proposition which is expressly and factually a proposition about the present, and which is true at least at one time, has a corresponding proposition in the same terms about the past, which is necessarily true. In other words, if a proposition is once verified by a fact or state of things, then after the first moment of its verification it is necessarily true that it was true. For instance, if the proposition, *Sortes sedet,* is true once, then after the first moment of its being true, it is necessarily true that *Sortes sedit;* this means that it is impossible that it can ever become false (cf. Quaestio Iᵃ, Suppositio IIIᵃ, M).

This is the commonly accepted teaching of all Scholastics, in opposition to Peter Damian who contended that God can contrive that a fact of the past never has been a fact.[10]

(C) No proposition in which the verb *praedestinare* or *reprobare* or the like appears in the past tense, is necessarily true. For according to what was said above under (A), such a proposition is equivalent to a proposition about the future, and according to definition (C), *praedestinare* and *reprobare* connote the (free) will of God. Hence the proposition, *Petrus est praedestinatus,* is not necessarily true (cf. Quaestio Iᵃ, Suppositio IIIᵃ, M).

(D) Every proposition is known by God to be either true or false; that is, God knows definitely (*determinate*) which part of any contradiction, even of propositions concerning future contingent facts, is true and which part is false. Propositions, therefore, which are neither true nor false are not admitted, and the principle of excluded middle does not suffer any exception as to its scope of application (cf. Quaestio Iᵃ, Suppositio VIᵃ, P). This statement will be discussed later *in extenso.*

---

10. This optimism, which Ockham shared with the majority of the Scholastics, was later shaken in the case of some theologians at Oxford. Cf. Gregory a Rimini: "Hoc etiam aliqui viventes doctores universitatis anglicanae tenet, non videntes aliquam contradictionem implicari vel sequi ex eo quod aliqua res, quae praeterita est, verbi gratia Adam, ponatur non fuisse, quoniam ut dicunt, et verum est, aliquando fuit verum Adam non fuisse, et per consequens non includebat antea aliquam contradictionem; necessario ergo nec nunc ut ante" (*In Sent.,* l. 1, dd. 42-44, q. 1).

(E) On theological grounds, the following equivalences are valid:

"A is predestined" is equivalent to "A is not reprobated";
"A is reprobated" is equivalent to "A is not predestined."

(F) If T is the moment in which a proposition about a future contingent fact becomes true in the present tense, then before T it has always been true that it will be true in T. In other words, a true proposition about the future has always been true. However, it is not necessarily true. This is the most important statement, as Ockham remarks at the very end of his treatise.

(G) Predestination as regards a person A, refers exactly to one moment of the future T, so that the statement about the future, *A est praedestinatus,* which is equivalent to "God will give eternal life to A," becomes true in the present tense at this exact moment T. *A est praedestinatus,* therefore means that there will be a moment T in which eternal life will be given to A, so that before this moment, and only before this moment, it has always been true (though not necessarily true) that God will give eternal life to A at T. The statement with *reprobare* has to be understood in like manner.

II. THE MAIN THESES OF THE *Tractatus*

1. *Predestination or reprobation are no real relations representing entities distinct either from God or from the predestined or reprobated person* (cf. *Tractatus . . .* , and Quaestio Iª, Suppositio Iª, K).

Since a real relation, as additional to God's necessary being, can be discarded here as impossible and as generally denied on theological grounds, there remains only the problem whether such a real relation-entity is added to a person by the fact of his being predestined or reprobated.

It is with this problem that Ockham starts. He criticizes the opinion of those who hold that predestination is such an additional entity. However, it is not easy to identify those Scholastics who were of this opinion. One thinks of Scotus, but though Scotus admits that a *relatio realis* is a different entity from the terms related,[11] it is not certain, nor is it even probable, that he admitted passive predestination or reprobation to be a real relation. For he makes a clear distinction between *relationes reales* and *relationes rationis,* and it seems that he did not

---

11. Scotus explains his opinion extensively in *Oxon.,* II, d. 1, q. 4, in criticizing mainly the opposite theory of Henry of Ghent. Cf. also the long exposition of Lychetus on Ockham's opposition to Scotus (ed. Vivès, t. 2, pp. 133 *et seq.*).

consider even the relation of time or the *praedicamentum quando* as a separate relation-entity. With some caution, we dare to suggest that Walter Burleigh, a contemporary of Ockham, adhered to the criticized opinion. At least he admits the category *quando* to be a real entity that is added to the thing which is in time.[12]

Against this opinion, Ockham objects that it leads inevitably to a contradiction. We shall not repeat this proof here. We wish, however, to warn the reader that he must study it, with the statement (G) quoted above in mind. For otherwise one could rightly object against Ockham that it is not clear why a contradiction is involved. For Ockham admits that, for instance, whiteness and blackness are separate entities from the substance of a body, and nevertheless it can be predicated about the same thing, "It was white," and "It was black," without necessarily incurring any contradiction. Nevertheless, in the case invoked by Ockham, a contradiction is involved, because predestination and reprobation both refer to a future time, and the corresponding propositions are propositions about the future. A proposition of the future which is true, has always been true. If, therefore, both propositions which refer exactly to the same future moment have been true once, they have always been true before they turn, at this future moment, into a true proposition of the present. Hence the contradiction.[13]

---

12. Cf. Walter Burleigh, *In Librum sex principiorum Gilberti Porretani,* edited in *Expositio super artem veterem* (Venetiis, 1488). Besides defending Gilbert, he refers his thesis to Albert the Great. "Intelligendum primo secundum Dominum Albertum, quod sicut datur 'quando' derelictum a tempore continuo ... "; and a little later: "Nota quod 'quando,' prout est praedicamentum, est affectio derelicta in re temporali et tempore mensurante rem temporalem. Et secundum istam affectionem, quae dicitur 'quando,' denominatur res fuisse vel fore. Et dicitur haec affectio derelinqui ex adiacentia temporis, quia circumscripta quacumque transmutatione circa rem temporalem solo tempore remanente et re temporali illa dicitur esse fuisse vel fore. ... Ad aliud dicitur, quod infinita 'quando' derelicta ab eodem tempore sunt in eadem re temporali secundum diversas partes illius rei; tamen ab uno tempore causatur solum unum 'quando' correspondens tempori adaequato ipsi durationi rei. ... Ad ultimum dicitur, quod 'quando' est subiective in re temporali, quae incipit esse. ... "

13. Cf. the same reasoning as regards any future contingent fact in *Ordinatio,* d. 30, q. 2, C (revised text): "Similiter eadem ratione, qua oportet ponere talem rem, quia fuit heri, eadem ratione oportet ponere talem rem, quia erit cras, quod est absurdum. Tum, quia tunc quandocumque aliquis nasceretur, haberet tot res in se, quot sunt futura tempora, in quibus erit. Tum, quia sequitur, quod nullum est futurum contingens. Probatio consequentiae: quia omnis propositio de inesse de praesenti enuntians esse existere de aliqua re simplici est determinate vera vel determinate falsa, ita quod post illud instans, in quo erit determinate vera, propositio de praeterito exprimens ipsam fuisse veram, est necessaria. Sicut si haec sit semel vera: Sortes est, haec erit postea necessaria: Sortes fuit, ita quod etiam secundum theologos Deus non potest facere eam esse falsam. Ergo si haec res,

2. *Any proposition concerning a future contingent fact, whether or not it is formulated in the future tense, is a contingent proposition.*

It is important to note that this thesis is so formulated that it affirms contingency about singular propositions. Propositions of this type that occur in the *Tractatus* are:

Deus scit, quod iste salvabitur (Quaestio Iᵃ, F) ;
Petrus est praedestinatus (*ibid.*) ;
Deus praedestinavit Petrum ab aeterno (Quaestio Iᵃ, H) ;
Petrus fuit praedestinatus ab aeterno (*ibid.*) ;
Petrus fuit praedestinatus (Quaestio Iᵃ, L).

Hence, if we take "to know" in the sense of knowing a true proposition (cf. definition B [b] above) and if we mean by "A" a future contingent fact, then the following modal propositions are true:

It is contingent that God knows that A will be;
It is not necessary that God knows that A will be;
It is possible that God knows that A will be;
It is possible that God does not know that A will be;
It is not impossible that God does not know that A will be.

Ockham states simply that this conclusion, affirming the contingency of all such propositions, is proved by Scotus, and therefore he does not give further proofs of his own. And, in fact, the *Doctor Subtilis* has effectively proved this conclusion against the opposite doctrine of St. Thomas. The *Doctor Communis* had maintained that the proposition, *Deus scivit hoc contingens futurum,* is absolutely necessary.[14] St. Thomas goes even further in maintaining that, in the consequence, *Si Deus scivit aliquid, illud erit,* not only is the antecedent necessary, but also the consequent:

---

quae est respectus ad diem crastinam, sit vera res distincta ab omnibus aliis, oportet quod haec sit modo determinate vera vel determinate falsa: Haec res est; ita quod si sit vera propositio de praeterito, erit postea necessaria, et si sit falsa propositio de praeterito, pro illo instanti est impossibilis. Sicut si haec modo sit falsa: Sortes est in A, haec erit postea impossibilis: Sortes fuit in A, vel haec erit necessaria: Sortes non fuit in A. Sed istud consequens est falsum: quia si haec sit determinate vera: Haec res est, tunc quaero: aut necessario erit cras aut non; si sic, habeo propositum, quod nullum est tale futurum contingens; si non, ergo potest non esse cras; ponatur igitur in esse, et non sequitur impossibile, sed sequitur: Non erit cras, vel non erit tali die, puta A — sit A dies crastina — ; ergo non habet tale 'quando' ad A. Sed illud consequens est impossibile, sicut probatum est. Si autem ista: Haec res est, demonstrando tale 'quando,' sit determinate falsa, ergo non potest esse cras propter idem argumentum." Cf., also, *Quodlibet.,* VII, q. 10.
    14. Cf. *Summa Theologica,* I, 14, 13 ad 2.

Et sic necessarium est [consequens], sicut et antecedens, "quia omne quod est, dum est, necessarium est esse," ut dicitur in I *Perih.*

This is explained by the assumption that the whole conditional must be understood as it regards God, not as it regards the contingent fact. God, however, according to St. Thomas, knows everything because all things are present to His eternity, in which there is no succession. Hence, what the consequent expresses is present to God's eternity and therefore known to God as present, whether it is of the past or of the future. Now, according to the Aristotelian principle, *Omne quod est, dum est, necesse est esse,* a future contingent fact is, insofar as it is present to God's eternity, necessary.

The reasoning of St. Thomas was refuted by Duns Scotus, who in this was followed by the majority of Scholastics. The *Doctor Subtilis* maintains that a fact that is past, is past as regards God's eternity also, and that a fact that is future, is future as regards God's eternity also, and only actually present facts are present to God's eternity. Otherwise the difference between the future and the past becomes illusionary.[15]

It is interesting to read Cajetan's commentary on the above-quoted text of St. Thomas (cf. ed. Leonina, *ad loc. cit.*). He experienced great difficulty, as he confesses, in understanding this text. His own explanation only confirms the view that St. Thomas was influenced by the Boethian theory about the prescience of God based on the presence of all things to God's eternity.

The questionable principle, *Omne quod est, quando est, necesse est esse,* will be discussed later.

It is worth noting that Ockham refers to *quosdam artistas* the statement that propositions about future contingent facts are necessarily known by God (cf. *Ordinatio,* d. 38, q. unica, N, Appendix I).

------

15. Besides the text quoted in Quaestio I, Suppositio II^a, L (note 23), cf. also *Oxon.,* l. c., n. 34 *et seq.;* p. 655, especially n. 35: "Ad aliud exemplum de centro et circumferentia: Simpliciter est ad oppositum, quia si imaginemur lineam rectam habentem duo puncta terminantia A et B, sit A punctus emmobilis, et B circumducatur, sic est de pede circuli uno immobili alio mobili, B circumductum causat circumferentiam secundum imaginationem Geometrarum, qui imaginantur punctum fluens causare lineam. Hoc posito, si nihil remaneat de circumferentia per fluxum ipsius B, sed tantum in circumferentia sit punctus iste, ita quod quandocumque punctus iste desinet esse alicubi, tunc nihil circumferentiae erit ibi, tunc numquam circumferentia esset praesens simul centro, sed tantum aliquis punctus in circumferentia; si tamen tota circumferentia esset simul, tota praesens esset centro. Ita hic, cum tempus non sit circumferentia stans, sed fluens, cuius circumferentiae nihil est nisi instans actu, nihil etiam eius erit praesens aeternitati, quae est quasi centrum, nisi illud instans, quod est quasi praesens, et tamen, si per impossibile poneretur, quod totum tempus esset simul stans, totum esset simul praesens aeternitati ut centro."

Ockham admits, of course, that the act by which God knows future contingent facts is one simple act and identical with God's essence; and that consequently it is as necessary as God's essence itself (cf. Quaestio II^a, L). However, the proposition which is known by this necessary act of God can be contingent, and is in fact contingent at least if it concerns a future contingent fact. Nevertheless, though this knowledge of a singular proposition is contingent, it is immutable. For it has always been true, since it is a function (for theological reasons we do not say "is dependent") of the future fact. Since this immutable knowledge is a function of a contingent fact, which as a contingent fact of the future can be and can not-be, the knowledge of this fact cannot be necessary. Hence immutability and necessity must not be confused (cf. Quaestio II^a, L).

3. *God is omniscient as regards all future contingent facts.*

By "omniscient" is meant that God knows every true proposition. Hence God knows definitely (*determinate*) which part of a contradiction as regards every proposition about future contingent facts is true, and which part is false (cf. Quaestio I^a, Suppositio VI^a, P, and Quaestio II^a, A *et seqq.*).

This thesis is accepted by Ockham on theological grounds. Though he does not say it in this *Tractatus,* at least not expressly, it follows from a more general thesis, viz., that it is impossible to demonstrate that God knows all things which are different from Himself. To be sure, the *Venerabilis Inceptor* does not deny that it can be demonstrated that God has an intellect and knowledge.[16]

On the other hand, Ockham thinks it impossible to demonstrate that God knows other things besides Himself, though he admits that it can be proved in a probable way. His three theses in reference to this problem are:

---

16. "Circa secundum dico, quod demonstratio a priori accipitur multipliciter, scilicet largissime, et sic potest aliquo modo concedi, quod potest probari a priori: quia quandocumque arguitur ab una propositione ad aliam formali consequentia, et econverso non est consequentia formalis, ibi potest esse probatio aliquo modo a priori; sed haec est consequentia bona et formalis: Deus est summum ens, ergo est intelligens, sciens et cognoscens; et non sequitur econverso. Ergo cum propositiones sunt simpliciter necessariae, aliquo modo est demonstratio a priori" (*Ordinatio,* d. 35, q. 1, D). Note that the antecedent: "Deus est summum ens," is, according to the much-misquoted question of the *Quodlib.* (I, 1), demonstrable: "Sciendum tamen est, quod potest demonstrari Deum esse accipiendo secundo modo [viz., Deus est idem, quo nihil est melius, prius vel perfectius] prius dicto, quia aliter esset processus in infinitum, nisi esset aliquid in entibus, quo nihil esset prius et perfectius."

(1) It cannot be proved by any means that God does not know anything besides Himself (against Averroes);

(2) It cannot be proved by (natural) reason that God knows all things besides Himself;

(3) It can be proved in a probable way that God knows something besides Himself, though this proof would not be sufficient for a *protervus*, i. e., one who takes refuge in logical subtleties.[17]

There remains then the problem of how God knows future contingent facts. Of the several theories developed by various Scholastics, Ockham singles out only one for criticism. It is that of Scotus, commonly called the Thomistic theory, which however, as Schwamm has shown in his study, was not developed by St. Thomas but by his great critic, Duns Scotus, later being adopted by Thomists and re-interpreted into St. Thomas. For a detailed exposition of this theory we refer to the book of Schwamm, whose thesis is confirmed by this tract of Ockham's. Ockham, as can be seen from his express statement, refuses to give an explanation of the foreknowledge of God as regards future contingent facts, and refers it simply to the intuitive knowledge which is the divine essence.

There is, however, one difficult text at the end of Quaestio Iᵃ, Suppositio VIᵃ, P, which needs clarification. There it is said by Ockham that one part of a contradiction concerning a future contingent fact is true and the other false, because God wills one part and not the other, and that He wills one part contingently. Here the will of God suddenly interferes. Does this mean that Ockham falls back on the theory of Scotus? It does not seem so. It would be Scotus' solution if this act of will were the reason of God's prescience. But that is not said by Ockham, and, moreover, is expressly excluded previously. Ockham, as we understand him, will say only that one part of such a contradiction will be true, because this fact is subject to the divine will as first cause (contingent cause), as the created will is its second cause. For God is the cause of everything. Hence, that the one part will be true, and the other false, is due to the divine contingent causality. Therefore the will of God is the cause of the *truth*, not of the *knowledge* that God has of this contingent fact. For truth follows being, Ockham admits with all others, but no being is posited without God's first causality. The knowledge that God has about it has to be explained neither by the determination of God's will (Duns Scotus), nor through God's presence (St. Thomas), nor through the Divine Ideas (St. Bonaventure),

---

17. *Ordinatio*, d. 35, q. 2, D.

but has only to be referred to the immensity of God's essence, which is intuitive knowledge.

4. *God's knowledge of future contingent facts is immutable.*

This statement calls for careful interpretation (cf. Quaestio II^a, F *et seq.*). As an aid to this understanding we shall refer constantly to the parallel text edited here in Appendix I, which is taken from *Ordinatio,* d. 39, q. unica. The following theses are stated:

(1) God knows every proposition and its contradictory opposite. Hence the knowledge of God embraces two (infinite) parallel series of propositions — a series of true propositions which are known by God in the stricter sense of the term *scire,* and a series of corresponding propositions of which each one is the contradictory opposite of its counterpart in the former series. Since these latter are all false, they are known by God only in the larger sense of the term *scire.*

(2) Hence there is no increase or decrease possible in the number of true or false propositions known to God in either sense. For, even in the strict sense of knowing, no increase or decrease is possible, since if one proposition ceases to be true, its contradictory opposite takes its place as a true proposition. By necessity, therefore, the number of all known propositions remains the same.

(3) To know a proposition which is true, and then not to know such a proposition because it became false; or not to know a proposition which was false, and then to know a proposition which became true ("to know" always being taken in the strict sense of *scire*), does not imply any change in God as to the act of knowledge, which is identical with His essence, and hence unchangeable.

The attributes of truth or falsity are not real relations coming to the proposition. This statement is proved by Ockham in *Quodl.,* V, 24 (especially in the *dubia*). For a proposition is verified or falsified by a fact. And that can happen without any change taking place in the proposition. Not only that — it can also happen without any change taking place in the knowing subject either. Let us assume the following case. I am of the opinion that the proposition, *Sortes sedet,* is true. In fact, however, Sortes is not sitting; consequently the proposition I have expressed is false. Now let this act of having a false proposition remain for a certain time, during which Sortes sits down. Now the proposition which was false is true; and it became true without any change in the knowing subject, and now it is known (in the strict sense) only because of the change in Sortes. The same is true in God as regards all propositions which change from truth to falsehood, or *vice versa.* God knows (in the strict sense) a proposition as long as it is verified by the corresponding fact; God ceases to know the same proposition (and knows it now only in the larger sense of *scire*) if the true proposition becomes false because of a change that took place in the thing or the objective fact.

(4) Hence it is true to say that God does not know something which He can know, if we take "to know" in the strict sense, for He can know every contingent proposition which is actually false. But it is not correct to say that God can know more than He knows, for of every possible proposition He knows which part is true and which part is false.

Now we can proceed to an explanation of the difficult text in Quaestio II^a, F. The first part does not present any special difficulty, but in the following part, where Ockham tries to explain how propositions in the future tense can change or cannot change, the text calls for careful reading. We will explain it by taking into account not only the cases mentioned here by Ockham, but other cases as well.

(a) If a proposition is really of the present, i. e., in expression and meaning, and if this proposition states one specific fact for the time T, then this proposition, if it is true, is true only at T, has always been false before T, and will be false forever after T. Take for instance, *Sortes sedet in A,* where A is the present time.

(b) If a proposition is really of the past, i. e., in expression and meaning, and if this proposition likewise states a specific fact for a definite time, then this proposition, if it is true now in the past tense, was false at the time T of the past, false before T, and will be true forever after T. For instance, *Sortes sedit in A,* where A is a time of the past, and the proposition is uttered now.

(c) If a proposition is really of the future, i. e., in expression and meaning, then this proposition, if it is true now in the future tense, has always been true before the time T of the future, will become false in T, and will be false forever after T. For instance, *Sortes sedebit in A,* where A is a time of the future. Consequently, at any time T_1 before T it is not true to say that this proposition was true before T_1 and false after T_1. For it has always been true before T_1 and will be true after T_1, but will become false only at T. This idea is expressed in a rather awkward manner by Ockham. Though the text as edited here, which is substantially that of B, can and must be understood in the sense just explained, another reading yielding the same meaning is possible according to other manuscripts. Let us first mention that only

B has "instans" (at footnote 51; see page 23). If we omit it, we could read in the following manner:

> ... quia impossibile est, quod antea Deus sciat istam: Sortes sedebit in A, et postea nesciat eam. Et causa est, quia antea non potest primo esse vera et postea falsa; sed si sit vera antea, semper fuit vera antea.

We did not adopt this text, which would make an understanding easier, because the manuscripts clearly separate the "a" from "ante," and consequently the reading "antea" does not seem to be warranted.

(d) If a proposition is of the future only in expression, but implies that a fact of the present or past time *will* take place at T_1 which is a time before the time T (of the present) in which the proposition is uttered, such a proposition can change from truth into falsehood, and in fact did so change if it was true before T_1, since after T_1 it is false forever. For instance, the proposition, *Sortes sedebit in A,* is uttered now, but A is yesterday.

Hence, in regard to genuine propositions about the future, we can make this statement:

Some propositions have always been true, become false and are false forever; they are true propositions about the future.

Some propositions have always been false, become true, and are true forever; they are false propositions about the future; their change, however, does not entail any change in God.

III. OCKHAM AND THE PROBLEM OF A
THREE-VALUED LOGIC

After this necessarily fragmentary discussion of some logico-theological problems in the *Tractatus de Praedestinatione,* we go now into a more detailed discussion of the problem which, from a logical point of view, is the most important. It is a fact of history that Ockham already had some idea of a three-valued logic which he discovered in, or at least read into, a certain Aristotelian text at the end of the first book of the *Perihermenias.* In Quaestio I^a, Suppositio V^a, O, Ockham briefly indicates the Aristotelian opinion that in propositions referring to future contingent facts, neither part of a contradiction is true or false. He treats in greater detail this opinion in his *Commentary to Perihermenias* (c. 9, 18a33-19b4), and in the *Summa Logicae,* III (III), c. 30. Both of these texts are edited here in a revised edition. Our discussion, however, shall follow mainly the text taken from Ockham's *Commentary to Perihermenias* in the so-called *Expositio aurea super artem veterem.*

1. *Ockham's Interpretation of* PERIHERMENIAS *18a33-19b4*

Ockham divides this text into two main parts. The first, 18a33-19a23, develops the proof of the thesis that some propositions about future contingent facts are neither true nor false.

Thesis I. *There are some singular propositions about the future, such that it is not the case that one part of the contradiction of such a proposition is true and the other false, and vice versa.*

This thesis is proved by reducing its opposite assumption (viz., "Every proposition about the future . . . ," etc.) to an impossibility. Aristotle does this by two reasons which both imply that, if this assumption were true, nothing would happen contingently, but everything would happen necessarily.

Proof 1. According to the assumption contrary to the thesis, every proposition is determined as to truth and falsity. Therefore, if someone says, "This will be," and another says, "This will not be" — both referring, of course, to the same thing or event — one of them must be determinately speaking the truth, the other determinately speaking falsity. This however is false; since, if it were true, nothing would happen by chance or indifferently (*ad utrumlibet*) or contingently. The consequence is obvious. For that which is contingent is not more determined to one part than to the other (i. e., it is not determined to "to be" or to "not to be," or to one part of a contradiction); consequently, if it is determinated that "this will be" or that "this will not be," then it does not happen contingently but by necessity.

Proof 2. This proof leads to the same impossibility, viz., the denial of contingency, but is based on the principle that every singular proposition about the past, if true, is necessarily true (cf. preliminary statement [B]). Let us take an object which is now white. According to this assumption, before this moment it was true that "this will be white," and it was true not only just before this moment, but it has always been true before this moment. But if it has always been something that will be, then it could not not-be in the future; consequently it could not not-happen; consequently it was impossible not to happen; consequently it was necessary to happen. Hence, if we have any statement of the form, "This proposition was true: this will be white," this proposition is necessary, and consequently what it expresses cannot not-happen.

After these two proofs, which yielded the result that the opposite assumption leads us to the denial of contingency, Aristotle shows in

18b16-25, by two reasons, that in contradictory singular statements about the future both parts cannot be false. Hence,

Thesis II. *There is no disjunctive proposition about future contingent facts, such that both contradictory parts are false.*

In 28b26-19a7, Aristotle makes explicit the consequence that the assumption contrary to Thesis I has determinism as a consequence. Determinism, however, is refuted by the fact that we perform acts of deliberation and free will which are not compatible with determinism (19a7-22). Hence the assumption from which these untenable consequences follow must be false also; consequently, not every proposition is determined as to truth or falsity. Or, to express it more concretely, singular propositions about future contingent facts are not determined in truth or falsity — i. e., they are neither true nor false.

The second part, according to Ockham, covers 19a23-19b4. Here Aristotle attempts a clarification of the relation of such singular propositions about future contingent facts to truth and falsity. The following theses are affirmed (in 19a23-39).

Thesis III. *Every disjunctive proposition in which the same proposition is affirmed and denied is true and necessary, whether the affirmed and denied proposition be of the past, the present or the future.*

(Of Ockham's criticism of the principle, *Omne quod est, quando est, necesse est esse,* we shall see more later.)

Consequently the disjunctive proposition containing the affirmation and denial of the same proposition about future contingent facts is also not only true but necessary.

Thesis IVa. *Though every disjunctive proposition is necessary, nevertheless it is not always the case that one part of such a disjunctive proposition, composed of contradictory parts, is necessary.*

Thesis IVb. *Though every disjunctive proposition as regards singular propositions about future contingent facts, composed of contradictory propositions, is true, nevertheless it is not the case that one part is true, such that it is not false, and the other false, such that it is not true* (19a32-39).

For the truth or falsity of a proposition is determined by the fact which it expresses. Since the fact which such propositions express is not yet determined, neither are the propositions yet determined as to truth or falsity.

After these discussions, Aristotle draws two corollaries or consequences in 19a39-19b4:

Thesis V. *It is not always necessary that one part of a contradiction be true and the other false.*

Thesis VI. *The relation to truth and falsity is not the same in propositions about the past or present and in those of the future.*

Let us now sum up the main parts of Ockham's interpretation in some definite statements.

(1) It is true and necessary for every proposition, whether it be of the present, the past or the future, that, if it is true, its contradiction is false.

(2) It is not true for every proposition about future contingent facts that either its affirmation or denial is true or false.

(3) In propositions about future contingent facts, however, if a disjunctive proposition is formed of a proposition and its contradictory opposite, the disjunction is true and necessary.

(4) The admission of such propositions which are neither true nor false is forced upon Aristotle by facts which falsify the thesis of determinism, that everything happens by necessity.

(5) Consequently, according to Ockham, Aristotle did not deny either the principle of contradiction or the principle of excluded middle. Not the former, as is obvious; nor the latter, because, given any proposition, according to Aristotle the disjunctive composition of its affirmation and denial is always true and necessary. But the fact remains that certain propositions considered in themselves are neither true nor false.

What is meant by this may perhaps best be explained by the following consequence from the position of Aristotle, viz., that no categorical conclusion can be drawn from such a disjunctive proposition, because neither part of the contradiction can be added as a categorical proposition to the disjunction. For instance, if A is such a proposition about a future contingent fact, a syllogism of the type:

$$A \text{ and } (A \text{ or not-}A),$$
$$\text{consequently not not-}A,$$

is impossible, because neither A nor *not-A* can be posited. This appears to us to be an important point which should not be overlooked. For Aristotle's position is sometimes characterized by the statement that he denied the principle of excluded middle as regards certain propositions. According to Ockham, Aristotle did not deny this principle, for the disjunction, *A or not-A,* is always necessary and true. Hence Aristotle only limited the scope of the principle of excluded middle by subtracting certain consequences from its sphere of influence. This is important in reference to the truth-table in the following paragraph, because Ockham then implicitly admitted as true the consequence from a neuter proposition to a neuter proposition,[18] which consequence follows immediately from the disjunction, since *A or not-A* is equivalent to, *If not-A, then not-A;* or, *If A, then A* (see case 9 in the table below).

Let us state this again in other words: If *A* is such a proposition about a future contingent fact, then neither *A* is true or false, nor is *not-A* true or false, but *A or not-A* is true and necessary. This means, If *A* is true, then *A* is true and the other part is false; and if *A* is false, then *A* is false and the other part is true; but *A,* as a categorical proposition, is neither true nor false, and *not-A,* as a categorical proposition, is neither true nor false. *A or not-A* as a hypothetical proposition (here in disjunction) is true and necessary.

2. *Consequences of This Opinion: Elements of a Three-valued Logic*

Ockham was not satisfied with this explanation of the opinion of Aristotle, but drew from it some conclusions which constitute elements of a three-valued logic. This is done mostly in the additional remarks to 19a39-19b4, and in the text taken from the *Summa Logicae* which is edited in Appendix III. In order to make this as explicit as possible, we shall use the matrix-method of modern Logic. Let us first state once again that Ockham knows perfectly material implication, and its distinction from strict implication. The *consequentia materialis* is characterized by the following definition: given the two propositional variables, *p* and *q,* the material implication, *if p then q,* is false and false only if *p* is true and *q* is false. Hence this material implication is true in the three remaining cases, viz.:

if p is true and q is true;
if p is false and q is false;
if p is false and q is true.

If, however, we admit three values, and if we call the third value of a proposition which is neither true nor false "neuter" (N) as regards truth (T) or falsity (F), then we obtain the following matrix representing all possible combinations:

---

18. So likewise do Lukasiewicz (p. 65) and Lewis-Langford (*Symbolic Logic* [New York and London, The Century Co., 1932], p. 214).

	p	q	pCq
1.	T	T	T
2.	F	T	T
3.	N	T	T
4.	T	F	F
5.	F	F	T
6.	N	F	N
7.	T	N	N
8.	F	N	T
9.	N	N	T

The third column indicates the truth-values of all possible implications explicitly or implicitly stated by Ockham.

The values of 1, 2, 4 and 5 are those of material implication, of which, for instance, the critical one, viz., 2, is asserted in this text ("ex falso sequitur verum"). In order to show that some, if not all, of the other truth-values of material implication as regards three values are asserted by Ockham, we must carefully analyze the text beginning with: "Per praedicta patet. . . ." We shall do this with the help of an easily understood symbolism:

> p and q symbolize propositions;
> the dash (—) symbolizes negation;
> the dot (.) symbolizes an "And" conjunc-
> tion;
> (v) symbolizes an "or" disjunction taken in
> the inclusive sense;
> the horseshoe ($\supset$) symbolizes an "if-then"
> conjunction of propositions.

In the first paragraph the following consequence is discussed, *Deus scit A fore, igitur A erit.* In its symbolized form this is:

$$p \supset q.$$

But in this case, p is simply false according to Aristotle, and the consequent is neither true nor false; hence the antecedent has the truth-value F and the consequent has the truth-value N; but the implication from a false proposition to a neuter one would be conceded by Aristotle

as true (Ockham presupposes that Aristotle knows the material implication), since from a false proposition "follows" a true proposition.
Hence 8 in the above truth-table is explicitly stated by Ockham.

In the following paragraph another consequence is discussed, viz.,
the opposite of the former. *A erit, igitur Deus scit A fore,* or, in symbols, $p \supset q$ — but so that now p is neither true nor false (N) and q
simply false (F). Aristotle would say in this case that the consequence
is not true (*consequentia non valet*). But we must be careful. This
does not mean that the consequence or the truth-value of this implication is F. For if that were the case one might object that the (contradictory) opposite of the consequent in $p \supset q$ (in which the opponent
assumes that both p and q are true) would be true, viz.,—q, and
the antecedent would be true. In symbols the following would be true:

$$- (p \supset q) \supset (p \cdot -q).$$

But this meets with a serious objection. For in our case, if we assume
that "A will be" (p) and that "God does not know that A will be"
(—q), then God does not know something which is true; that is false.
This, however, Ockham answers, could be rightly objected to if, and
only if, the consequence from a neutral proposition to a false one were
not true, so that it would be false. But Aristotle would escape this
consequence by saying that, the antecedent being neither true nor false,
the consequent from it to a false proposition is neither true nor false
either; that is case 6 in the truth-table above.

In the following paragraph it is stated that the principle, "It is
impossible that the antecedent be true and the consequent false; therefore the consequence is valid," does not hold generally according to
the "intention" of Aristotle. Hence, if we weaken the strong formulation "it is impossible" to "it is not true," since from impossibility
always follows the negation, then we may formulate it thus:

$$- (p \cdot -q) \supset (p \supset q)$$

and this is not valid generally. For let us substitute the singular propositions, "It is not true: A will be, and It is not the case: God knows
that A will be"; consequently, "if A will be, then God knows that A
will be." For the conjunction contains a neutral statement and a false
statement and therefore is in any case false, and the antecedent in the
following implication contains as antecedent the same neutral statement.
Hence there is no consequence in this implication.

Case 7 is to some extent stated in the following paragraph, where
Ockham explains that the *conclusio ad subalternam* is not valid as

regards propositions about future contingent facts. For though it is true that every future contingent fact will be, nevertheless no singular proposition is true (but not false either). Hence, from a true proposition to a neutral proposition there is no true consequence — but not a false consequence either, in the above-explained manner. The antecedent is true, as was explained already, for the antecedent states that every contingent fact will be, and that is true, for it will be either the one part or the other part of a contradiction. But we cannot infer from this, "Therefore this future contingent fact will be," but only, "This future contingent fact will be or it will not be." Hence we can infer only a contradictory disjunctive proposition.

Likewise the principle of induction is not valid in reference to propositions about future contingent facts; and this again is an instance of 6 in our matrix.

Case 9 is, as we explained previously, implicitly admitted by Ockham, because it is true at least in the special case of a disjunctive proposition composed of contradictory propositions, and that implies the conditional by definition:

$$(p \vee -p) \supset (p \supset p).$$

But (p) is neither true nor false, and (—p) is neither true nor false; since the antecedent (p ∨ —p) is true for every proposition, the consequent, according to the rule of separation (similar to *modus ponendo ponens*), is valid also; hence the consequence assumes the value T.

These are some elements of a three-valued logic developed in a primitive and crude way by Ockham. We must, however, guard against a possible misunderstanding. In the preceding section we spoke only of elements of a three-valued logic; we are not maintaining that the *Venerabilis Inceptor* had any precise or systematized notion of a three-valued logic in the modern sense. What we do find in his discussions is rather a faint idea of it, or more correctly an application, instance or interpretation of a possible three-valued logic; an instance or interpretation, however, which happens to be impossible, as Ockham himself has seen, since he simply denies its truth (cf. following section). And in fact, it is hardly conceivable how in any Aristotelian logic, with its definite notion of truth as the correspondence of a proposition with reality, there is any place for a neutral value between correspondence and non-correspondence. Since Ockham adheres rigidly to this classical concept of truth (evidence of which is his ingenious theory of supposition), his discussion of what we call the elements of a three-valued logic has only this significance, that he pointed in the direction of a

three-valued logic, though by impossible instances. He realized, however, that the statement-connective "si," at least in such a three-valued
logic, is not equivalent to that in a two-valued logic.

It is not our task to discuss here the abstract system of a three-
valued, or even an n-valued, logic, and its possible interpretations. The
interested reader will find an introduction to such systems, together
with a clear presentation of possible interpretations of such calculi in
Lewis and Langford, *Symbolic Logic* (Century Co., New York and London, 1932, pp. 199-234). As to the problem of the possibility of a third
value besides truth and falsity, we refer to C. A. Baylis, "Are Some
Propositions Neither True Nor False?," in *Philosophy of Science,* 3
(1936), pp. 156-166; there the author shows that the principle of excluded middle is not abrogated by such a three-valued logic.

3. *Ockham's Own Position as Regards a Three-valued Logic*

Did Ockham admit the validity of a three-valued logic? If we are
to believe Michalski, Ockham considered as irrefutable the "idea" of
a three-valued logic.

Une chose est claire; c'est qu'Ockham dans cet écrit considère l'idée de la
troisième valeur logique comme irréfutable, et laisse au theologien le soin de la
mettre d'accord avec la science divine infailliblement prévoyante. Dans son commentaire sur le *De Interpretatione* il renvoie aux theologiens ceux qui veulent
des preuves à l'appui de la thèse sur cet aspect de l'omniscience de Dieu, mais
lui-meme ne les a pas données dans son écrit theologique sur la prédestination.[19]

This statement of Michalski, whose publications will for a long time
to come be indispensable sources and resources for studies in the
Philosophy of the fourteenth century, unfortunately presents the true
state of fact in complete confusion.

1. It is not true that Ockham considered as irrefutable the "idea,"
or — to be correct — the theory, which admits a third value. There is
no text which substantiates Michalski's statement, not even the text
which Michalski did not know and which we edit in Appendix III
(from *Summa Logicae,* III [III], c. 30). A careful reading of the
passage quoted by Michalski[20] will convince anyone able to under-

---

19. "Le problème de la volonté à Oxford et à Paris au XIVᵉ siècle," in
Studia Philosophica (Lemberg), II (1937), p. 299 (67). I am indebted to Prof.
Julius R. Weinberg, who allowed me to use his copy of this article, which I was
unable to locate in any public library in North America.

20. Quaestio Iᵃ, Suppositiones 5ᵃ et 6ᵃ, O-P, and q. 2, B. Michalski quotes
this text according to one of the worst manuscripts (Pₐ of our list); even some
substantial errors of this text do not justify Michalski's interpretation.

stand Ockhamistic texts that he read too much into the text, or perhaps did not see the problem. It seems that the passage in Quaestio Iᵃ, P: *Sed difficile est videre, quomodo hoc scit, cum una pars non plus determinetur ad veritatem quam alia,*[21] has led the distinguished author to suspect Ockham of adhering to Aristotle's opinion, or to consider it as irrefutable. As a matter of fact, we have to consider this text as the formulation of a problem, but a problem which is the result of the previous concession that God knows which part of a contradiction as regards future contingent facts is true, and which is false. Hence the difficult problem: How does God know this? And why is it difficult? Because one part is not determined to truth any more than the other. Here "non plus determinetur" cannot mean that there is no truth or no falsity in such propositions, since that is already conceded. The problem is: *How* can God *know* that the one part is rather determinately true and not the other, since the *fact* is still undetermined, and since there seems to be no means of ascertaining or of verifying subjectively which part is true and which part is false? It is clear, then, that we have here a problem of subjective verification.

It is exactly this problem which Ockham lets Scotus answer by his theory of a determination by the divine will, which is the means of God's knowledge of future contingent facts. And again it is this theory which is criticized by Ockham. But the affirmation that one part of the contradiction is true or false is not criticized. On the contrary, the first objection to his own opinion: *Quod non est in se verum, non potest sciri ab aliquo,* is answered by Ockham thus: *Dico, quod est vera, ita quod non falsa, tamen est contingenter vera, quia potest esse falsa.*

2. But is this supposition (that every proposition is either true, so that it is not false, or false, so that it is not true) really accepted by Ockham? If we consider any text of those which we have presented here, the answer is affirmative. Ockham sticks firmly to the logic of two values and, as it seems, not only for theological reasons. In any case, I know of no text where Ockham questions the two-value thesis. Furthermore, Ockham does not accept Aristotle's proofs for the three-value thesis.

---

21. Michalski reads here (in P₃): "Sed difficilius [his manuscript clearly has *difficile*] est videre, quomodo [*modo* is not in his manuscript, though in the parallel text of P₄] hoc, cum una pars non plus determinatur [his manuscript has *determinetur*] quam alia ad veritatem." These corrections are not intended to discredit Michalski's good will or merits: I know my own weakness. And in addition, Michalski had to rely on the help of others (cf. p. 343 [111], note 1: "Je tiens à remercier ... qui ont bien voulu suppléer mes yeux malades ...").

He does not admit the first proof, because the inference from truth, or even determined truth, to necessary truth is false, according to Ockham. We have but to read Quaestio II*, B, *ad secundum,* and the fourth article (L *et seq.*) of the same Question, in order to convince ourselves that Ockham could not accept this very dubious reasoning of Aristotle.

He did not accept the second proof of Aristotle, because he makes a distinction between those propositions about the past which are really of the past in expression and meaning, and those which are only of the past in expression but not in meaning. For these latter it is not true that they are necessarily true (cf. Quaestio I*, Suppositio II*).

Since Ockham does not admit the consequence: "If all propositions are determinately true, then every proposition is necessarily true," he is not forced to the denial of the antecedent.

3. Since the three-value thesis is not taken seriously by Ockham, there does not exist for him the problem of reconciling it with the omniscience of God. This is not even implied by the remark (which Michalski has in mind) in the *Commentary to Perihermenias,* last part:

Tamen secundum veritatem et theologos aliter est dicendum, quia dicendum est, quod Deus determinate scit alteram partem. *Qualiter autem hoc scit, in theologia declarari debet.*

For the theological problem how God determinately knows future contingent facts is always, as here in this text, posited on the basis of the two-value thesis.

Michalski, apparently, does not distinguish between two problems which are essentially different. The first is the omniscience of God as regards all propositions about facts different from Himself. According to Ockham, this problem cannot be solved on philosophical grounds, as was explained previously. God's knowledge of propositions about future contingent facts does not create a specific difficulty as regards this general problem.

The second problem is how God knows future contingent facts, if we suppose on theological grounds that God knows everything. This second problem was answered several times by Ockham's admission that he has no certain solution. But we must not forget that he answers it affirmatively, and furthermore that his solution is always given under the presupposition of the two-value thesis. And he could do so, because he never has denied this thesis.

If, then, on the basis of such and similar explanations, Michalski tries to push Ockham into the camp of those who acknowledged an unbridgeable opposition between philosophy and theology, we are at a loss to understand such an incrimination. In any case, it is an illusion.[22]

Let us confirm this by another text which was not used by Michalski:

> Ad veritatem autem disiunctivae requiritur, quod altera pars sit vera. Et hoc est intelligendum, quando propositiones sunt de praesenti, non de futuro nec aequivalentes propositionibus de futuro; et hoc diceret Philosophus. *Tamen secundum veritatem ad veritatem disiunctivae requiritur, quod altera pars sit vera, quia secundum veritatem propositio de futuro est vera vel falsa, quamvis evitabiliter* (*Summa Logicae*, p. II, c. 32 [or 33]).

In fact it is the main thesis of the "Ockhamists" that propositions about future contingent facts are true or false regardless of the knowledge of God or the determination of the will of God, as will be seen in the last paragraph. And this thesis is supported by Ockham's ingenious theory of supposition, as consistently applied in the second part of his *Summa Logicae*.

There is only one text which apparently militates against our qualification of the position taken by Ockham. In *Quodl.* VII, 10 (ed. Argentina) we read:

> Secundo, quia de omni re contingit determinate dicere quod est vel non est. Accipio tunc istam rem, quae debet relinqui ex adventu crastinae diei; tunc in isto homine vel est determinate talis res quae vocatur "quando de futuro" vel non est in isto homine. Si est in ipso, ergo haec est determinate vera: iste homo erit cras. Si non est in eo, ergo sua opposita est determinate vera, scilicet quod ille homo non erit cras, quod est contra Aristotelem, qui in futuris contingentibus negat determinatam veritatem.

Does Ockham in this text (which was not adduced by Michalski) admit that propositions about future contingent facts are neither true nor false? Certainly not, for even in the *Quodlibeta* (e. g., in *Quodl.* IV, 4) he adheres to the two-value thesis. This text has rather to be explained within the whole context. In *Quodl.* VII, 10, Ockham again refutes the opinion which makes realities of temporal relations. Since the followers of the realistic theory back their erroneous position with the authority of Aristotle and, as Walter Burleigh shows, take "determinate" in the sense of "necessarily," Ockham answers in their language of their interpretation of Aristotle. This in any case seems to be the most reasonable explanation.

---

22. Moody's warning against this illusion in *The Logic of William of Ockham* (London, Sheed and Ward, 1935), p. 198, note 1, remained unheeded by Michalski. Let us note that the *Tractatus de Praedestinatione,* to which Michalski refers as "un court écrit resté inconnu jusqu'à présent" (p. 297 [65]) was known to E. A. Moody, who is quoted by Michalski, and even to Prantl (*Geschichte der Logik im Abendlande* [Bd. III] [Leipzig, 1867], p. 418, note 1039).

4. The Dubious Principle: Omne quod est, quando est, necesse est esse

It seems opportune to add a few remarks concerning the principle advocated by Aristotle in *Perihermenias,* 19a 23-32. For it has played an important rôle in the creation of a three-valued logic as developed by Lukasiewicz. The distinguished Polish logician gives an interpretation of this principle which is not admitted by all, probably not even by the majority of, the Scholastics. He writes:

> Weniger bekannt, aber nicht minder intuitiv, scheint der folgende Satz zweiter Gruppe zu sein, der von Leibniz in der Théodicée zitiert wird:
>
> Unumquodque, quando est, oportet esse.
>
> "Was auch immer, wann es ist, ist notwendig."
>
> Der Satz geht auf Aristoteles zurück, dem zufolge zwar nicht alles Seiende notwendig, sowie nicht alles Nichtseiende unmöglich ist; aber wann ein Seiendes ist, dann ist es auch notwendig, und wann ein Seiendes nicht ist, dann ist es auch unmöglich (p. 53).

Lukasiewicz then explains this principle by a few examples, from which he gains the following clarifications. First, in any proposition of this kind: "When *p* then it is necessary that *p*," it is always understood that *p* is true. Under this condition, "it is necessary that *p*." Secondly, the "quando" in the quoted principle and in the formulation of Aristotle is indicative not of a conditional proposition but of a temporal proposition, yet so that its meaning goes over somehow into a conditional meaning if the temporal determination is included in the content of the propositions.

> Zweitens: Das Wörtchen "quando" . . . ist keine konditionale, sondern eine temporale Partikel; doch geht das Temporale in das Konditionale über, wenn in den temporal verbundenen Aussagen die Zeitbestimmung in den Inhalt der Aussagen einbezogen wird (p. 54).

Thus the negative form of the principle can be expressed, according to Lukasiewicz, in the following way: If it is presupposed that *not-p,* then (under this condition) it is not possible that *p*. He symbolizes this according to his method, without parentheses:

$$CNpNMp$$

which, in our symbolism, is:

$$-p \supset -Mp$$

(where M stands for *"möglich"* or "possible").

The meaning of this expression is explained by Lukasiewicz as follows:

Das heisst, "wenn nicht-p, so ist es nicht möglich, dass p."

And he adds (p. 55):

Auf eine andere Weise kann der Satz II im zweiwertigen Aussagenkalkül nicht ausgedrückt werden.

From this axiom, together with the commonly accepted axioms of the two-valued propositional calculus, he draws conclusions which cannot be admitted. For instance:

$$CMpp \text{ or } MP \supset p$$

In words this would be: If it is possible that p, then p; or, in Scholastic language: *A possibili ad esse valet consequentia.*

Another consequence is:

$$CMpNMNp \text{ or } Mp \supset —M—p$$

In words this would be: If it is possible that p, then it is necessary that p. No Scholastic can or does admit these consequences; nor does Lukasiewicz. For they ruin the fundamental thesis that there is contingency in the world since there is free will.

Ockham has sensed the danger which is hidden in Aristotle's principle: *Omne quod est, quando est, necesse est esse,* and he qualifies it simply as false, at least as it stands. He writes in the *Commentary to Perihermenias,* 19a23-32:

Sciendum est, quod ista propositio: Omne quod est quando est necesse est esse, de virtute sermonis est simpliciter falsa.

For "quando" is a temporal conjunction, and as such forms a temporal hypothetical proposition. But temporal hypothetical propositions require for their truth that both parts of the conjunction be true. It is, however, false, and admitted to be such by Aristotle also, that not everything which exists is necessary. Necessary existence, however, is stated in the second part of this proposition. Hence the "principle" as it stands cannot be admitted.

According to Ockham, Aristotle intended another general proposition, namely: "It is necessary, if a certain thing exists at a certain time, then it exists." Hence, not the consequent, but the consequence is necessary in this new formulation. And this necessary consequence can be verified for everything that exists, has existed, or will exist. This is explained more clearly by Ockham in another work, where he says:

... sed Philosophus dicit, quod ista propositio est necessaria: Omne quod est, est, quando est; quia haec non potest esse falsa. Et similiter haec propositio est necessaria: Omne quod fuit, fuit, quando fuit. Et similiter: Omne quod erit, erit, quando erit.[23]

Hence Ockham can say: If we suppose that A exists at the time T, then it is necessarily true: If T is, then A is. Or more explicitly: It is necessarily true: If A is at T, and T, then A. In any case, it is the consequence which is necessary, not the consequent; so that by no means can it be said generally that, even under the condition or supposition that something exists, it is necessary that it exists.

This leads us to another and essentially different symbolization of the principle, *Omne quod est, quando est, necesse est esse.* Instead of symbolizing it with Lukasiewicz (whose symbolization of it is correct as to the wording of it in Aristotle) thus:

$$CNpNMp \text{ or } -p \supset -Mp,$$

or in its positive form:

$$CpNMNp \text{ or } p \supset -M-p,$$

we have to write:

$$NMCNpp \text{ or } -M (p \supset -p),$$

or in its positive form:

$$NMNCpp \text{ or } -M- (p \supset p).$$

In words, our formulation would be: It is impossible, if *p* then not *p;* or: It is necessary, if *p* then *p.* In this new symbolization it becomes immediately clear that the *modus* (NM) or (NMN) modifies the consequence or the whole temporal or conditional conjunction, and not a part of it. For if a time is given in which A exists, then it is necessary: If this time exists, then A exists. Ockham, however, rightly adds that this consequence, because of its temporal relation, is not a necessary consequence on logical grounds, but on the extra-logical ground of the relation of a thing to its time of existing.

As regards St. Thomas' exposition of this so-called principle of Aristotle, we personally are convinced that he admits it in the way Lukasiewicz explained it *in ordinary language.* Whether he would have

---

23. Cf. *Reportatio,* II, q. 8, K. Here in M is an interesting criticism of the "unlogical" distinction, made also by St. Thomas, between a *necessitas absoluta* and a *necessitas conditionata.*

As to the following cf. also, C. I. Lewis and C. H. Langford, *Symbolic Logic* (New York, The Century Co., 1932), p. 215 where, in note 4 the ambiguity of Lukasiewicz' formulation is stressed.

admitted the symbolization given by Lukasiewicz is, however, an open question, though it is hard to see how he could have avoided it, since he writes:

> Et ideo manifeste verum est, quod omne quod est necesse est esse, quando est; et omne quod non est necesse est non esse, quando non est: et haec est necessitas non absoluta, sed ex suppositione. Unde non potest simpliciter et absolute dici, quod omne quod est, necesse est esse, et omne quod non est, necesse est non esse; quia non idem significant, quod omne ens, *quando* est, sit ex necessitate, et quod omne ens *simpliciter* sit ex necessitate; nam primum significat necessitatem ex suppositione, secundum autem necessitatem absolutam (*Comm. in Perih.,* lect. XIV, 2 [ed. Leonina, pp. 72 *et seq.*]).

From this text it follows that St. Thomas admits the necessity of the consequent, if and only if in such a temporal hypothetical proposition the antecedent is posited. It is exactly this necessity of the consequent which was categorically denied by Scotus and Ockham, and which has lead Lukasiewicz to the afore-mentioned absurdities on the basis of the two-valued logic. But we prefer to leave to those who know St. Thomas better than we, the problem whether the *Doctor Communis* really admitted the principle in the sense made precise in the symbolization of Lukasiewicz. The crucial part, of course, is the interpretation of the expression, "ex suppositione." It is startling to find this same expression used by Lukasiewicz, who probably knew St. Thomas' formulation directly or indirectly, when he wrote: "und unter dieser Voraussetzung wird auf die Notwendigkeit resp. Unmöglichkeit geschlossen" (p. 54). Unfortunately, in the above-quoted text from the *Commentary to Perihermenias,* St. Thomas does not make explicit the distinction between *necessitas consequentiae* and *necessitas consequentis;* nor does he do so in another text where he invokes the Aristotelian principle for what seems to be an even stronger statement. We read in the *Summa Theologica,* I, q. 14, a. 13, *ad secundum:*

> Et similiter si dicam: Si Deus scivit aliquid, illud erit, consequens intelligendum est prout subest divinae scientiae, scilicet prout est in sua praesentialitate. Et sic necessarium est, sicut et antecedens, "quia omne quod est, dum est, necesse est esse."[24]

---

24. Cf. the same in *De Veritate,* q. 2, a. 12: "Ad secundum dicendum, quod sicut dictum est, contingens refertur ad divinam cognitionem, secundum quod ponitur esse in rerum natura: ex quo autem est, non potest non esse tunc, quando est; quia quod est, necesse est esse, quando est, ut in 1° Periherm. dicitur. Non tamen sequitur, quod simpliciter dicatur necessarium, nec quod scientia Dei fallatur; sicut et visus non fallitur, dum video Petrum sedere, quamvis hoc sit contingens."
We know very well that St. Thomas made a distinction which is equivalent to *sensus compositus* and *divisus* (cf. l. c., ad 4, and *Summa Theologica,* I, q. 14,

Scotus' position as regards the interpretation of this so-called principle is clear, insofar as he expressly denies that, if taken as a hypothetical proposition, the consequent is false, and asserts that the consequence is true and necessary. The condition of the text embodying his interpretation is unfortunately so bad that we prefer to abstain from a discussion of it.[25]

Walter Burleigh, a contemporary of Ockham and a disciple of Scotus, who wrote his Commentary to the *Ars Vetus* after Ockham's Commentary, may serve as an exponent of the Scotistic tradition.[26] He declares that the proposition: *Omne quod est quando est necesse est esse,* can be understood in two senses. In the sense of composition, the expression "necesse" is predicated and hence it is denoted that the other part (viz., "Omne quod est, est quando est") is necessary. Hence the following formulation:

Necesse est: (Omne quod est, est, quando est).

In the sense of division further distinctions have to be made, for the proposition can be a temporal proposition or of the temporal *extremum* (i. e., either of the subject or of the predicate). Under this distinction the *sensus compositionis* and the *sensus divisionis* appear again. As a temporal proposition, the principle is false, for then it denotes that everything which is, is necessary, when it is. Hence the formulation:

(Omne quod est necesse est esse), quando est.

---

a. 13 ad 3), but unfortunately not in reference to our problem. For as regards our problem we have two propositions, and the problem is whether the *consequent,* at least in the *sensus compositus,* is necessary or not; that the consequent is not necessary in the *sensus divisus,* is, of course, not admitted by St. Thomas.

25. Cf. Duns Scotus, *Oxon.,* d. 39, q. u., 19 (t. 10, p. 630): "Ad primum respondeo, quod ista propositio Aristotelis potest esse categorica vel hypothetica. ... Ita dico hic, quod si ista propositio Aristotelis accipiatur, ut est hypothetica temporalis, tunc necessitas aut notat necessitatem consequentiae vel consequentis; ut consequentiae, vera est; ut consequentis, falsa. Si autem accipiatur ut est categorica, tunc 'quando est' non determinat quod est, sed copulam principalem significatam per hoc quod est esse [so reads the Jodocus Badius edition of 1519; the Vivès edition reads: tunc hoc quod est 'quando est,' non determinat compositionem implicitam in hoc quod est, sed compositionem principalem], et tunc praedicatum hoc 'esse quando est' denotatur dici de subiecto 'quod est,' cum modo necessitatis, et sic est propositio vera. Nec sequitur: ergo necesse est esse, sed est fallacia secundum quid ad simpliciter, sicut in alio patet. Nullus igitur sensus verus huius propositionis denotat, quod esse aliquid in instanti, in quo est, sit simpliciter necessarium, sed tantum, quod sit necessarium secundum quid, scilicet quando est. Et cum hoc stat, quod in illo instanti, quo est, sit simpliciter contingens, et per consequens, quod in illo instanti possit oppositum illius inesse."

26. Walter Burleigh deserves rather to be studied than to be blamed for his mediocrity. Together with Fr. Sebastian Day, O. F. M., I am preparing an edition of his *De puritate artis logicae,* in which he bases his system of syllogistics more resolutely on the *consequentiae,* or the logic of propositions, than did Ockham.

It is clear that the first part of this temporal proposition is not true, since not everything that exists is necessarily existing. If, however, it is of the temporal extreme, the temporal determination can be added either to the subject or to the predicate. If added to the subject, it is false, for then it denotes: "What is when it is, is necessary." Hence the formulation:

(Omne quod est quando est) est necesse esse.

Here "necessary" determines to the mode of necessity everything that is, and that of course is false. Or it can be a determination of the predicate, and then it denotes: "For everything that is, it is necessary: it is, when it is." Hence the formulation:

Omne quod est [necesse est (esse quando est)].

Here, of course, we come back in some degree to the original *sensus compositionis,* and so the proposition is true.[27]

The most penetrating discussion of this doubtful principle is presented by Gregory a Rimini in the text published here in Appendix V.

5. *Historical Notes on the Three-value Thesis*

We have no intention of presenting here a complete account of the history of the three-value thesis; we wish only to give a few details of

---

27. "... est notandum, quod haec propositio: Omne quod est quando est necesse est esse, est multiplex secundum compositionem et divisionem. In sensu compositionis praedicatur li necesse et denotat, quod haec propositio sit necessaria: Omne quod est, quando est, et hoc est verum. In sensu divisionis est ulterius distinguenda, eo quod potest esse temporalis vel de temporali extremo, et haec distinctio potest esse distinctio secundum compositionem et divisionem: Si sit temporalis, sic haec est falsa, et est sensus: Omne quod est necesse est esse, quando ipsum est. Iste est unus sensus divisus, et sic est falsa, quia ex hac sequitur, quod aliquando omne quod est necesse est esse: Ideo secundum quod est temporalis, sic haec est falsa. Secundum quod est de temporali extremo, est ulterius multiplex, eo quod haec determinatio 'quando' potest se tenere ex parte subiecti, et tunc totum illud est subiectum 'quod est quando est,' et sic est falsa, quia denotatur, quod omne illud, de quo dicitur hoc totum 'quod est quando est,' quod tale omne sit necesse esse. Sed hoc est falsum, quia hoc totum 'quod est quando est' verificatur de quolibet existente, et non quodlibet existens necesse est esse. Sed secundum quod li quando se tenet ex parte praedicati, sic est vera et determinat modum necessitatis vel esse modificatum per modum necessitatis: et tunc ille est sensus, quod omne quod est, necesse est esse quando est, hoc est pro illo tunc in quo est. Et sic li necesse non dicit necessitatem simpliciter, sed dicit necessitatem limitatam ad determinatam mensuram, in qua ipsa res est. Unde denotatur, quod omne quod est in aliquo instanti non potest esse nisi pro illo instanti in quo est. Unde si in hoc instanti sit haec vera: Sortes est, impossibile est, quod in hoc instanti sit haec falsa: Sortes est; impossibile enim est, quod aliquid mutetur in instanti de veritate in falsitatem et econverso" (*Scriptum praeclarissimi viri Gualteri Burlei Anglici ... in artem veterem* [Venetiis, 1488]).

its history with reference to some Scholastics. Some points regarding the fate of this thesis in ancient history are given by Lukasiewicz (pp. 75-77).[28]

Two questions will be explored in the writings of certain Scholastics: (1) Is there determinated truth as regards future contingent facts? (By determinated truth, we mean, as was explained already, definite truth.) (2) Did Aristotle hold the opinion that there is no determinated truth as regards future contingent facts?

1. *St. Bonaventure* (+1274). Both questions are answered in the affirmative by the *Doctor Seraphicus.* He answers the first, by declaring the opposite opinion as heretical and impious. He answers the second in the following texts.

Ad illud quod obiicitur de praescito, quod verum est, et si verum est, necessario est modo; dicendum, quod istam rationem facit Philosophus ad ostendendum, quod in futuris non est veritas; et est sophistica (*I Sent.*, d. 38, a. 2, q. 1, ad 3 [t. 1, p. 675]).

And again:

Dicunt etiam [Aristotle and others], quod nulla veritas de futuro est nisi veritas necessariorum; et veritas contingentium non est veritas (*In Hexaem.*, coll. VI, 3 [t. 5, p. 361]).

2. *St. Thomas* (+1274). According to the *Doctor Communis,* the first question can be answered affirmatively, at least insofar as God is concerned, for every proposition is true, because every proposition is known by God to be true or false.

Ad decimum dicendum, quod futurum Deo est praesens et ita est determinatum ad unam partem quamcumque; sed dum est futurum, sic est ad utrumlibet (*De Verit.*, q. 2, a. 12).

According to St. Thomas, therefore, every future event is present to the eternity of God, and for this reason is determined to be, if it is,

---

28. Since we are concerned here, not with the problem as to what Aristotle really thought, but with the question of what a few Scholastics thought to have been Aristotle's opinion, we shall not enter into a discussion of this thorny question. Albrecht Becker ("Bestreitet Aristoteles die Gültigkeit des 'Tertium non datur' für Zukunftsaussagen?" in *Actes du Congrès International de Philosophie Scientifique*, VI [Philosophie des Mathématiques] [Paris, 1936], pp. 69-74) makes an attempt to prove that Aristotle did not sacrifice the two-value thesis. He discovers a contradiction between *Periherm.* 19a-b4 and the preceding part, and infers from this that the end of the chapter must be an addition made by someone other than Aristotle. Such interpolations are, of course, always possible. Becker's teacher, H. Scholz, gives in an earlier discussion of the problem some very illuminating details, though, at this time at least, he admitted that Aristotle held the three-value thesis as regards propositions about future contingent facts (cf. H. Scholz, *Geschichte der Logik* [Berlin, 1931], Nachtrag, p. 75).

or not to be, if it is not. If we, however, abstract from this presence of future events to God's eternity, then no such event is determined to either side. If, therefore, we were to posit the hypothesis that future events are future as regards God's eternity and consequently as regards God's knowledge — a hypothesis which is upheld in Duns Scotus' criticism of St. Thomas' theory — then the propositions about future contingent facts would be, and could only be, neither true nor false. This is emphasized by St. Thomas, when he writes:

Ad sextum dicendum, quod sicut scientia nostra non potest esse de futuris contingentibus, ita nec scientia Dei; et adhuc multo minus, *si ea ut futura cognosceret;* cognoscit autem ea ut praesentia sibi, aliis autem futura (l. c.).

The second question seems to be denied by St. Thomas, if he admitted that Aristotle was of his own opinion, since every proposition is known by God to be either true or false.

3. *Richard of Middletown* (+1307 or 1308). Because this Franciscan Scholastic shows a marked dependence on St. Thomas in many problems, we are not surprised to find that his solution of the problem, "How does God know future contingent facts?," is substantially the same as that given by the *Doctor Communis.* The *Doctor Solidus* consequently answers the two questions, it seems, as does St. Thomas: (1) God knows future contingent facts with certitude, because they are present to His eternity; (2) Aristotle's statement as to the indetermination of propositions about future contingent facts means that such facts either are not necessary, absolutely speaking, or are not determined as regards *our* knowledge of them.

Ad primum in oppositum, cum dicitur, quod in propositionibus de futuro contingenti, non est determinata veritas, etc. — dico, quod hoc intelligendum est, aut accipiendo determinatam veritatem pro necessaria veritate, aut pro veritate certa per comparationem ad intellectum nostrum suis naturalibus relictum: quamvis autem in illis de futuro contingenti non sit altera determinate de necessitate vera, necessitate absoluta, tamen altera pars determinate vera est, et a divino intellectu certitudinaliter cognita (*I Sent.,* d. 38, q. 5 [ed. Brixiae, 1591, p. 340]).

4. *Duns Scotus* (+1308). The *Doctor Subtilis* answers the first question in the affirmative, without any doubt. In *Oxon.,* I, d. 39, q. u., 26 (t. 10, pp. 650 *et seq.*), he refutes the arguments which were advanced against a determined truth in such propositions. As additional proof for this we shall quote here a parallel passage from the (as yet unedited) *Reportatio Maior* which represents the authenticated text of Scotus' lectures.

Ad primum argumentum primae quaestionis, quando dicitur per Philosophum, quod de futuris contingentibus non est determinata veritas, dico, quod non eodem modo veritas est determinata in futuris sicut in praeteritis et praesentibus, quia in praeteritis et praesentibus sic est determinatio, quod non est in potestate causae pro illo tunc, quod posset in oppositum illius effectus, licet causa non necessario ponat effectum esse nisi pro illo tunc, in quo est vel fuit. Non sic autem est in futuris, quia pro instanti, in quo vel pro quo ponitur futurum, potest poni oppositum illius, quia non necessario ponitur in effectu ab aliqua causa aliqua pars contradictionis futuri contingentis. Sed non propter hoc sequitur, quod si veritas futuri contingentis sit indeterminata quantum ad esse, quod non sit determinata cognitio illius futuri contingentis, immo est determinata notitia eius, quia non est de re posita in esse sed ponenda, nec Deus habet aliquid pro obiecto futuro, quin habeat illud pro obiecto cognito (cf. Schwamm, *op. cit.,* pp. 45 *et seq.*).

The second question seems to be answered negatively by Scotus, at least implicitly, as it is by St. Thomas.

Michalski, however, thinks differently as regards Scotus' answer to the first question. He writes:

Jean Duns Scot évoque cette idée (de la logique à trois valeurs) dans son interprétation théologique aussi bien dans l'*Opus Oxoniense* que dans les *Reportata Parisiensia*. . . (cf. pp. 296 *et seq.* [64 *et seq.*]).

Michalski justifies his statement by reference to the "propositiones neutrae" mentioned by Scotus in his solution of the problem, "How does God know future contingent facts?" (cf. Ockham's reference to them in the *Tractatus de Praedestinatione,* Quaestio I, P, and in his *Ordinatio,* d. 38 [see Appendix I, *loc. cit.,* D, p. 94]). We do not think, however, that this interpretation and the inference drawn by Michalski are quite correct. For it is not true, as he maintains, that the neutral propositions of a three-valued logic which are neither true nor false, correspond to the *propositiones neutrae* of the intellect of God as naturally preceding the determination of His will. For the *propositiones neutrae* of Duns Scotus are *assumed* in order to explain the process of God's knowledge of future contingent facts. That, however, has nothing to do with the logical indetermination in a three-valued logic. Factually, every proposition known by God is either true or false, and not neuter.

On the other hand, we have here an interesting parallelism to the position of St. Thomas. For the *Doctor Communis,* propositions concerning future contingent facts are determinately true, because God knows them; and God knows them, because the events are present to God's eternity; and since they are present in relation to God, they are determined in their being. If the future events were future to God also and not present to Him, they would not be determined in their being, nor would their corresponding propositions be determined in truth or falsehood. To the *Doctor Subtilis,* propositions concerning future contingent facts are determinately true, because God knows them; and God knows them, because the events of the future are already determined by God's will in a contingent manner. If the future events were not determined by God's will, the propositions of future contingent facts in the intellect of God would be neither true nor false.[29]

5. The *Logica of Duns Scotus* and *Antonius Andreas* (+1320). The answers to the two questions given by Duns Scotus in his certainly authentic works are not in agreement, it seems, with the answers given in *Quaestiones Octo in Duos Libros Perihermenias, Opus Secundum.* This fragment did not appear in the official corpus of the logical writings of the *Doctor Subtilis* as printed in the early editions, but was discovered by Wadding in three manuscripts which attribute it to Scotus. Though we were at first inclined to doubt its authenticity — for this reason as well as because of the apparent contradictions with Scotus' genuine doctrine — the comparatively late discovery of the work by Wadding (whose credulity in matters of literary criticism is well known) cannot be advanced as a proof against its authenticity. For we know that the greater part of the questions found in Scotus' logical writings concerning Porphyry's *Isagoge,* Aristotle's *Categories* and Aristotle's *Perihermenias* are almost literally found in the Commentary to the *Ars Vetus* of Antonius Andreas. This fact has been considered hitherto as one of the best proofs for the authenticity of the questions attributed to Scotus. And certainly with reason, since we find in a manuscript of the work of Antonius Andreas written in the early fourteenth century, the frequently repeated marginal note: *Scotus.* Now, this is true also in regard to the two questions of the *Opus Secundum* which are of particular interest to our problem. Hence, if the other *quaestiones* of the *Ars Vetus* have to be attributed to Scotus, the *quaestiones* of the *Opus Secundum in Perihermenias* have for the same reason to be attributed to Scotus. But are *In Universalia, In Praedicamenta, In Perihermenias opus primum et secundum* really authentic works of Scotus? We have grave doubts. It is at least strange that they appear (or reappear) in the work of a disciple and contemporary of Scotus.

---

29. Ockham likewise knows psychologically neutral propositions. Cf. *Ordinatio,* Prologus, q. 1, O (ed. Boehner, Paderborn, 1940, pp. 15, 16-22): "Aliquis potest apprehendere aliquam propositionem et tamen illi nec assentire nec dissentire, sicut patet de propositionibus neutris, quibus intellectus nec assentit nec dissentit, quia aliter non essent sibi neutrae. Similiter laicus nesciens latinum potest audire multas propositiones in latino, quibus nec assentit nec dissentit." There should be no danger of misinterpreting this passage, and Michalski did not refer to it.

A doubt, however, is not equivalent to a denial. The last word has to be said from a comprehensive study of the logical writings of the *Doctor Subtilis* and the *Doctor Dulcifluus*.

The last two *quaestiones* of the *Opus Secundum* — *An propositio de futuro sit determinate vera vel falsa*, and *An possibile sit utramque partem contradictionis esse veram* (t. 1, p. 597) — are contracted to one question by Antonius Andreas, when he writes at the end of his commentary to the first book of *Perihermenias: Ad maiorem evidentiam praedictorum adhuc reputo (querere): Utrum propositio de futuro sit determinate vera vel falsa.* This question covers six typewritten pages, of which only approximately twenty lines are not found in the *Opus Secundum.* Of course, both texts show variants — even the two editions of Antonius Andreas (Venice, 1480, and 1508) which we used have minor variants; but the majority of them will disappear in a critical edition of both texts.

When we now ask our two questions, both texts give a negative answer to the first: There is no determined truth in propositions about future contingent facts. In order to understand the answer, we have to introduce a distinction in regard to the meaning of such propositions about future contingent facts. Either such a proposition can mean that it is already determined now, when the proposition is being uttered, that it will be so, as the proposition states; or it does not connote this determination by the cause.

Opus Secundum, q. 8, n. 3	*Antonius Andreas*
Quarto intelligendum, quod propositio de futuro potest intelligi dupliciter significare aliquid de futuro, vel ita quod propositio de futuro aliquid significet nunc verum esse, quod aliquid in futuro verum esse habebit: verbi gratia, quod haec: Tu eris albus in A, significet nunc esse in re, ita quod tu in A tempore eris albus; vel potest intelligi, quod significet nunc, quod tu eris albus tunc. Et differt secundum a primo; non quod significet nunc ita esse, quod tunc tu debeas esse albus; sed quod significat nunc quod tunc; quia significare nunc esse quod tu in A eris albus, hoc est plus significare, quam quod tu eris albus in A.	Tertium est quod propositio de futuro potest intelligi dupliciter significare aliquid de futuro, vel ita quod propositio de futuro significet nunc verum esse, quod aliquid in futuro esse habebit: verbi gratia, haec: Tu curres in A; vel potest intelligi, quod significet nunc, quod tu curres tunc, vel significet nunc esse in re ita, quod tu in tempore A curres. Et differt secundum a primo, quia significare nunc esse, quod tu curres in A, est plus significare, quam tu curres in A.

It is stated by both authors that every proposition about future contingent facts is false in the first sense, since the fact which such a proposition expresses is not determined in its cause — by definition —, and neither determinately true nor false in the second sense.

Opus Secundum, l.c., 6

Ad primum argumentum dico, quod propositio de futuro, si significet nunc esse ita, quod res in futuro habebit esse, et tunc significat aliter esse quam est, et est falsa, quamvis eveniat res, quae enuntiatur evenire, non propter eventum rei, sed propter modum enuntiandi; enuntiatur enim res aliter evenire, quam eveniat. Si intelligitur secundo modo, quod enuntiat determinatum esse de re, pro tempore indeterminato futuro, propositio nec erit vera, nec falsa, quia nunc est indeterminatum, quod contradictoriorum habebit esse pro illo tempore.

Antonius Andreas

Ad primum in oppositum, quod propositio de futuro contingenti, si significet nunc esse ita, quod res in futuro habebit esse, tunc significat esse aliter quam est, et est falsa, quamvis eveniat res, quae enuntiatur evenire, non propter eventum rei, sed propter modum enuntiandi; enuntiatur enim aliter evenire quam eveniat. Si autem intelligatur secundo modo, quod enuntiet determinate esse de re pro tempore indeterminato futuro, propositio nunc nec erit vera nec falsa, quia nunc est indeterminatum, quod contradictoriorum habebit esse pro illo tempore.

We cannot but find in these expressions an affirmation of the opinion of Aristotle as explained by Ockham, viz., that in future contingent facts neither part of the corresponding contradictory propositions is true so that it is not false, or false so that it is not true. There is no evidence in support of the milder interpretation that "determinate" is here used in the sense of "necessary," as was done by other Scholastics. On the contrary, the authors always adhere to the position that, since the future contingent facts are not yet determined, the corresponding propositions are not yet determined as to truth or falsehood either. Hence we have to count the authors among those who denied truth and falsity in propositions about future contingent facts, though they admit that such a disjunction of a proposition with its contradictory opposite is true.

But then, we have no means of bringing into agreement this position with that taken by Scotus in *Oxon.,* d. 39. For there, the first sub-question affirms determined truth or falsity in propositions about future contingent facts.

The second question, as is clear, and as is stated at least by the author of the *Opus Secundum,* is answered affirmatively. The text of Antonius Andreas, unfortunately, seems to be corrupt.

Opus Secundum, l.c., 5

Ideo dicit Aristoteles, quod in illis, quae sunt ad utrumlibet, non magis est affirmatio vera quam negatio. Unde non convenit dividentem dicere definitive quod hoc erit, nec definitive quod

Antonius Andreas

Ideo dicit Aristoteles, quod in illis, quae nunc sunt ad utrumlibet, non magis est affirmatio vera quam negatio. Unde non contingit dividentem dicere quod hoc erit nunc definite aut quod hoc non erit; definitive autem dicit hoc fore, quando enuntiat sic esse nunc, ut aliquid habebit esse in futuro.

Concluditur igitur ex praedictis, quod propositio singularis de futuro contingenti sumpta hoc secundo modo, sicut et Aristoteles accipit, nec simpliciter est vera, nec falsa, nec determinate vera, nec determinate falsa.

hoc non erit definite; dicit autem hoc forte(!), quando enuntiat sic esse nunc, ut aliquid habeat esse in futuro.

Patet ergo ex praedictis, quod propositio singularis de futuro contingenter(!) sumpto hoc secundo modo, sicut etiam Aristoteles accipit, similiter (!) est vera et falsa; nunc(!) determinate vera, nunc(!) determinate falsa.

6. *Ockham* (+1349). From all that has been said, it is clear that the *Venerabilis Inceptor* answers affirmatively both the first and the second question.

7. *Peter Aureoli* (+1322). The *Doctor Facundus* clearly denies the two questions. He is convinced that the admission of the two-value thesis leads to determinism, and since determinism is false, the two-value thesis is demonstratively refuted, according to him. Because of his clear and definite position as regards the problem, we shall publish his long discussion in Appendix IV. Aureoli, of course, does not deny the prescience of God as to future contingent facts. He refers it to the intuitive knowledge of God, which abstracts from all temporal connotation (cf. Schwamm, pp. 113-124).

8. *Walter Burleigh* (+ca. 1345). The *Doctor Amoenus* deals at length with the problem of a three-valued logic in his interpretation of the pertinent passage of Aristotle. In his *Commentary to the Ars Vetus* (ed. Venice, 1488), he states the problem as follows:

> Tertio notandum est, quod aliqui ponunt, quod propositio de futuro in materia contingenti nec est vera nec est falsa. Et ratio eorum est ista: Illud, quod est indifferens ad verum et ad falsum aequaliter, nec est verum nec est falsum, quia qua ratione esset verum, eadem ratione esset falsum; cum ergo non potest esse simul verum et falsum, sequitur, quod huiusmodi propositio nec est vera nec est falsa.

The first question is denied by Walter Burleigh, since he considers the three-value thesis as false:

> Ratio illius opinionis, quae est, quod propositio de futuro est aequaliter indifferens ad verum et falsum, non valet; quia per eandem rationem potest probari, quod A nec erit nec non erit; sed id quod est indifferens aequaliter ad fore et ad non fore, non est necesse magis fore quam non fore; sed A est aequaliter indifferens ad fore et ad non fore — sit A unum tale, quod contingit ad utrumlibet fore et non fore — ; ergo qua ratione fore ipsi A inerit, eadem ratione non fore inerit; ergo qua ratione erit A, eadem ratione A non erit; ergo si A erit, A non erit; ergo nec A erit nec A non erit. Ideo dico, quod nulla propositio de futuro in materia contingenti est in hoc instanti aequaliter indifferens ad verita-

tem et falsitatem, quia cuilibet propositioni de futuro in hoc instanti inest veritas, ita quod non inest falsitas sibi. . . .

The second question seems to be answered negatively by Burleigh, since he makes distinctions as regards the expression, *Propositio est determinate vera.* Of the three distinctions, the third is to the point.

Tertio dicitur propositio determinate vera, quae sic est vera pro hoc instanti, quod non potest esse falsa pro hoc instanti, et sic est altera pars contradictionis in illis de futuro in materia contingenti vera determinate pro hoc instanti: pro quo est vera, non est falsa; potuit tamen fuisse falsa pro eodem instanti.

On the basis of this and other passages from the *Commentary,* we may safely state that Burleigh did not believe that Aristotle admitted the three-value thesis, though he does not say so expressly.

9. *Adam Wodham* (+1358). The *Commentary* of this Oxford Franciscan is available to us only in its printed edition, which is, in fact, but an abbreviation of Adam's Oxford *Commentary* (cf. Michalski, *op. cit.,* p. 241 [9]) made by Henry of Oyta (Paris, 1512). In 1., III, d. 14, q. 2 (f. 118rb s.), Wodham deals jointly with the two questions under consideration. We present first the text:

Primum dubium: Quia videtur, quod ex eo ipso, quod aliqua sunt futura contingentia ad utrumlibet, non sunt determinate vera, nec per consequens possunt evidenter sciri vel praesciri esse vera. Et hoc tenet Okam, et probat hoc esse opinionem Philosophi, quamvis in hoc Philosopho veritas fidei contradicat. . . .
Prima probatio est secundum eum dist. 38 primi sui et Petri Aureoli: Nullum futurum contingens dependens simpliciter a potentia libera est in se verum, quia non potest, ut dicit secundum Philosophum, imaginari ratio, quare plus una pars est vera quam alia. . . .
Ad oppositum est definitio propositionis dicens quod est oratio verum vel falsum significans. . . .
Ad primam rationem: Negatur antecedens; immo bene est ratio, quare una pars plus est vera quam alia, quia in re futurum determinate erit, et tunc affirmativa est vera, vel determinate non erit, et tunc negativa est vera. . . .
Ad Philosophum dicendum, quod ipse intelligit, quod in singularibus de futuro non est determinata veritas eo modo, quo in illis de praeterito vel de praesenti: Nam omne quod fuit, sic est determinatum ad fuisse, quod non potest per aliquam potentiam non fuisse, et omne quod est, necesse est quando est, sicut declaravi distinctione prima primi ad sensum verum; non sic autem in illis de futuro, ubi simul stat, quod propositio aliqua de facto est vera et potest esse falsa, quae tamen potest esse vera et semper fuisse vera; et tanta est indeterminatio, quod non stat cum evidenti notitia creata de talibus, quid eveniret et quid non. Non sic in illis de praeterito vel de praesenti. Cum ista responsione concordat Scotus distinctione 38 primi.

From this it becomes clear that our first question is answered affirmatively by Adam Wodham. The second is answered, as it seems, negatively. For he refers the opinion which denies the two-value thesis to Cicero (cf. l. c., q. 3 [fol. 120 va]). It is surprising, however, that Adam refers the denial of the two-value thesis to Ockham also. This support of the thesis of Michalski, however, is weak, so long as it is not compared with the *Commentary* of Adam itself. But even if this text should be found there, and in the same sense, it militates against the consistently repeated expression of Ockham that *secundum veritatem et fidem* the three-value thesis is not true.

10. *Francis de Mayronis* (+1325). The *Doctor Illuminatus,* or (as Ockham calls him in the *Summa Logicae*) the *Magister Abstractionum,* is one of the most faithful disciples of Duns Scotus, whom he repeatedly calls *Doctor Noster.* In his *Conflatus* (*I. Sent.,* dd. 38 et 39, q. 3 [Basel, 1489]), he answers our first question affirmatively, making further distinctions which do not concern us here. He knows that certain persons (Aureoli?) deny determinate truth in propositions about future contingent facts, but he refutes them.

> Dicunt tamen aliqui, quod non est contradictio in propositionibus de futuro. Sed contra: quia in eis est affirmatio et negatio. Ideo concedunt. Sed tamen dicunt, quod nec sunt verae nec falsae determinate. Contra: quia altera pars contradictionis vel est vera vel est falsa. Sed isti dicunt, quod lex contradictoriorum ibi non tenet. Contra: quia propositio perse nota in aliqua materia negari non debet. Ideo dico, quod necessario est tenendum tamquam conclusum per principium primum complexum, quod altera sit determinate vera, quia de quolibet est affirmatio vel negatio vera. Dicunt tamen aliqui, quod alterutra est vera. Sed hoc nihil est: quia licet aliquid commune possit esse indifferens ad utrumque contrariorum, non tamen aliquid singulare. Sed hic est quaestio de ista singulari propositione. . . .

The second question is not answered by Mayronis in his *Conflatus.*

11. *John de Bassolis* (+1347). Though this Franciscan is called a faithful disciple of Duns Scotus and is supposed to have been his secretary, he very often goes his own way in his *Commentary on the Sentences* (Paris, 1517).[30] We quote him here, because he makes very explicit the distinction between propositions about future contingent facts considered in themselves and without the determination by the will of God on the one hand, and under the supposition of this determination by the will of God on the other hand. They are true only under the latter condition.

> Ad primum principale dico, quod de futuris contingentibus secundum suum esse consideratis et secundum se, non est determinata veritas, quia sic [est *or*

---

30. I have a strong suspicion that John may possibly be the author of the *Theoremata* attributed to Scotus, since these seem to agree well with John's own doctrine.

sunt?] indeterminata. Sed si accipiantur ut cadunt sub determinatione divinae voluntatis, iam sunt determinata ad alteram partem et possunt determinate cognosci.

12. *Robert Holcot* (+1349). This Oxford Dominican, called the *Doctor Discursivus,* is deeply influenced by Ockham but often in opposition to him, with a tendency to radicalism. He answers our first question affirmatively; the second, it seems, negatively. It is true that in his *Commentary on the Sentences* (1., II, q. 2, Y [ed. Lyons, 1497]), we read:

> Iam restat videre de septimo articulo: An in propositionibus de futuro in materia contingenti sit determinata veritas in uno contradictoriorum et falsitas in reliquo. Et videtur sententia Aristotelis, quod non, sicut arguebatur. Unde videtur, quod neutra pars in materia contingenti est vera vel falsa. Opinio autem theologorum huic est contraria. Credimus enim Deum scire resurrectionem esse futuram et omnium contra(dicto)riorum determinate alteram partem, alias prophetia esset impossibilis nec ei oporteret credere.

However, in his *Quodlibeta* (which we were able to use in the MS. Royal 10 C VI through the kindness of Dr. E. Moody), we read (fol. 157 vb):

> Secundo distinguo de isto termino "futura contingentia." Dicuntur propositiones de futuro, quarum non est veritas vel falsitas, quia licet sint verae vel falsae, illae tamen, quae sunt verae, possunt numquam fuisse verae, et illae, quae sunt falsae, possunt numquam fuisse falsae. Sic haec est modo vera: Sortes peccabit cras, et tamen in potestate Sortis est facere, quod numquam (sit) vera. Et isto modo loquendi consueverunt homines communiter dicere, quod in futuris contingentibus non est veritas determinata, et sic loquitur Aristoteles 1º Perihermenias, ubi dicit: in singularibus et futuris non est similiter veritas vel falsitas sicut in propositionibus de praeterito et de praesenti, ubi vocat futura propositiones de futuro. Alio modo intentio vel significatio istius complexi "futurum contingens," exponitur sic: Quod non est, sed erit possibile, est tamen quod numquam sit. Et sic loquuntur quidam concedentes talia: Antichristus est futurum contingens, etc. . . .

13. *Gregory a Rimini* (+1358). The *Doctor Authenticus,* an outstanding member of the Order of the Hermits of St. Augustine, was deeply inspired by the teachings of the great African Doctor and decidedly influenced by Ockham. He takes the same position as the *Venerabilis Inceptor* in regard to the two questions; that is, he answers both affirmatively. Though Gregory a Rimini is one of the principal figures of fourteenth-century Scholasticism, he is unduly neglected by historians of Scholastic philosophy. Since his exposition of the whole problem is so important and instructive, we publish the pertinent text in Appendix V. While Aureoli thinks that the three-value thesis is demonstratively

proved, Gregory refutes this thesis in his criticism and establishes the two-value thesis.

14. *Peter d'Ailly* (+1420). "The Eagle of France" follows Gregory a Rimini and Ockham closely, answering the first question in the affirmative, and the second in the negative. Since he quotes extensively from Gregory a Rimini, we do not think it necessary to publish pertinent texts (cf. *Quaestiones Magistri Petri de Aylliaco super Libros Sententiarum* [Argentine, 1490], q. 12, A *et seq.*).

15. *The Author of the Centiloquium.* This tract — which before our new edition in *Franciscan Studies* Vols. 22-23, N. S. 1-2, (1941-1942) had been attributed to Ockham — can hardly be considered a work of the *Venerabilis Inceptor.* As the unknown author takes the position opposed to that of Ockham in regard to the formality or universal validity of Logic (cf. our article, "The Mediaeval Crisis of Logic and the Author of *Centiloquium* Attributed to Ockham," in *Franciscan Studies* [Vol. 25, N. S. 4 (1944)] pp. 151-170), so also in reference to our present problem he is in disagreement with Ockham. Only the first question is answered. We read in "Conclusio 12ª," E (ed. cit., Vol. 1, No. 3, p. 68), at the end:

Et totum istud dico secundum opinionem illorum, qui ponunt, quod in futuris contingentibus non est aliqua veritas determinata, nec in aliqua propositione de praesenti vel de praeterito, cuius veritas dependet a veritate propositionis de futuro contingenti.

Even if we admit, as apparently the author does, that "determinata veritas" is taken in the sense of necessary truth, then the language, moreover, is not that of Ockham. Cf. also in "Conclusio 83ª," C, the denial of the thesis, *Deus scit omnia praeterita et omnia futura, antequam sint, fuerint vel fiant,* which is in clear contradiction with Ockham's teachings in the *Tractatus de Praedestinatione* and in the *Commentary on the Sentences.*

16. *Richard Campsale* (first half of the fourteenth century). Michalski wrote about this Franciscan:

On ne connaît guère le philosophe du XIVe siècle, nommé Campsale; il mérite pourtant de retenir l'attention à cause de ses idées sur la volonté et la science intuitive. Nous ne connaissons que par le commentaire de Chatton sur les Sentences... ("Le Criticism et le Scepticism dans la Philosophie du XIVe Siècle," in *Bulletin de l'Académie Polonaise des Sciences et des Lettres* [Cracovie, 1925], pp. 92 *et seq.*).

Yet we find in the printed edition of the *Expositio Aurea* of Ockham *XVI Dicta Richardi de Campsali* following the *Tractatus de Praedestina-*

tione. In these *Dicta* Campsale does not discuss the opinion of Aristotle; but as regards our first question he follows, it seems, Ockham faithfully. We present here the beginning.

Accipiatur igitur ista propositio de futuris: Antichristus erit. Ista propositio potest esse falsa, sicut: Antichristus potest esse non futurus. Sed postquam vera est, non potest successive mutari a veritate in falsitatem, nec econverso. Unde si ipsa est nunc vera, ab aeterno fuit vera, et tamen nunc et ab aeterno potuit esse falsa, quia est contingenter vera; et si est falsa, sicut potest esse falsa, semper et ab aeterno fuit falsa, si quis eas formasset, sicut tunc ab aeterno Antichristus non fuisset venturus. Unde non est imaginandum, quod propositio prius vera postea mutetur in falsitatem, nec econverso, quia mutari est aliter se habere nunc quam prius: et sic nulla propositio talis mutatur a veritate in falsitatem. Et nota, quod quando Antichristus est iam creatus et non futurus, tunc Deus non scit ipsum esse futurum sed factum, nec tamen Deus mutatur, sed sufficit mutatio obiecti, quod tunc se habet aliter quam prius.

17. *Albert of Saxony* (+1390). Albert wrote questions on the same works of Porphyry and Aristotle which were commented on by Ockham; they were edited by Marcus de Benevento in the *Expositio Aurea.* The bishop of Halberstadt, who is usually considered to have been deeply influenced by Ockham, seems not to follow his master concerning the two questions. He answers the first question substantially as Ockham did, but with this difference, that Albert means by "determinated truth" "necessary truth." And so he understands Aristotle:

Ulterius notandum, quod Aristoteles per ly determinate intelligit, quod iam determinatum est et impossibile est aliter se habere. Verbi gratia, si esset aliqua propositio determinate vera, iam determinatum esset, quod esset vera et non posset esse falsa, vel econverso. Sed illa propositio, quae esset indeterminate vera, est quae indifferenter potest esse vera vel falsa. Et ideo ista: Sortes disputabit in die Veneris, est indeterminate vera vel falsa, quia forte disputabit et forte non, licet sic est vera, quod non falsa, vel sic falsa, quod non vera.

Hence the second question is implicitly denied by Albert. His affirmative answer to the first question may be gathered from this classical text:

Secunda conclusio, ista propositio: Sortes leget, vel est sic falsa, quod non vera, vel est sic vera, quod non falsa. Probatur: Nam vel sic erit, sicut ipsa significat, vel non erit, sicut ipsa significat.

From this historical sketch it follows, then, that two or three of the Scholastics examined deny that there is definite truth or falsity in propositions about future contingent facts, viz., Aureoli, Antonius Andreas and Scotus of the *Opus Secundum;* and that seven of them are convinced that Aristotle denied definite truth and falsity in such propositions, viz., St. Bonaventure, Aureoli, Ockham, Antonius Andreas, Scotus of the *Opus Secundum*, Gregory a Rimini and Peter d'Ailly.[31]

---

31. Michalski has examined the teaching of several Scholastics as regards the idea of a three-valued logic. Besides Scotus, Ockham, Gregory a Rimini, Peter Aureoli and Peter d'Ailly, who are treated also in our study, he deals briefly with Buridan (pp. 313 [81] *et seq.*) and Henry of Hassia (p. 317 [85]). The former, a great logician and follower of Ockham, takes "determinate" in the sense of "necessarily"; hence, though propositions about future contingent facts are true or false, they are not determinately true or false. It seems, therefore, most likely that Buridan understood Aristotle in the same sense. Henry of Hassia follows Buridan; he seems, however, to deny that Aristotle sacrificed the two-value thesis, because he refers the indeterministic interpretation of Aristotle to the Stoics, the Greek Commentators and Cicero.

APPENDICES

APPENDIX I

Ockham
ORDINATIO
(Lib. 1, *Comment. in Sent.*), dd. 38-39

The following text is based on the four best manuscripts known:

F   Firenze Bibl. Naz. A. 3. 801, written probably in the first half of the fourteenth century.
Ma Paris Bibl. Mazar. 894, written in the fourteenth century.
Ob Oxford Balliol College 299, written before 1368.
T   Troyes 718, written in the early fourteenth century.

Besides these manuscripts we used the following manuscripts and edition:

M   München Staatsbibliothek 52, written at the end of the fourteenth century.
O   Oxford Merton College 100, written in the (late?) fourteenth century.
E   Edition of Lyons, 1495.

For an evaluation of these texts, cf. Philotheus Boehner, O. F. M., "The Text-Tradition of Ockham's Ordinatio," in *The New Scholasticism*, 16 (1942), pp. 206 *et seq.*

[DISTINCTIONIS 38ae QUAESTIO UNICA]

A   Circa distinctionem trigesimam octavam quaero: *Utrum Deus habeat scientiam determinatam et necessariam omnium futurorum contingentium.*

Quod non: Quia illud, quod non est in se determinate verum, nulli est determinate verum; sed futurum contingens non est in se determinate verum; ergo, etc., et per consequens non est determinate verum Deo. Tunc arguo: Illud quod non est determinate verum, non est scitum a Deo scientia determinata; sed futurum contingens est huiusmodi, ut ostensum est;[1] ergo, etc.

Praeterea: Quod non habeat scientiam necessariam videtur, quia si habeat scientiam necessariam de aliquo futuro contingente

---

1. *huiusmodi* add. F; *hic* add. E.

91

— sit illud A — tunc arguo: Deus habet scientiam necessariam
de A; ergo haec est necessaria: Deus scit A. Et ultra: Ergo haec
est necessaria: A est verum. Sed si haec sit necessaria: A est verum,
A non est contingens, et per consequens, non est futurum contingens. Quod est contra positum.

Ad oppositum: Omnia sunt nuda et aperta oculis eius.[2] Ergo
omnia sunt scita a Deo. Sed nihil scitur nisi scientia determinata.
Ergo Deus habet scientiam determinatam de omnibus.

Item: Quod habeat scientiam necessariam,[3] videtur: quia in Deo
est unica scientia; ergo eadem est scientia Dei necessariorum et contingentium; sed scientia Dei necessariorum est necessaria; ergo
scientia Dei futurorum contingentium est necessaria, et per consequens Deus habet scientiam necessariam de contingentibus.

[Ad quaestionem]
[Opinio Scoti, Oxon., l. I, d. 39]

B   Ad quaestionem dicitur, quod quamvis non possit probari a priori aliquid esse futurum contingens, hoc tamen est tenendum. Et
hoc supposito dicitur, quod non potest salvari contingentia in entibus nisi prima causa, quae agit per intellectum et voluntatem, cau-
set contingenter, et hoc ponendo in primo causalitatem perfectam,
sicut ponunt Catholici. Et ideo istam contingentiam oportet quaerere in intellectu divino vel in voluntate divina: et non in intellectu
divino, quia quidquid intellectus intelligit, mere naturaliter intelligit, et per consequens oportet eam quaerere in voluntate divina.
Ad cuius intellectum dicit primo esse videndum de libertate voluntatis nostrae, ad quae sit, et secundo, quomodo ad illam libertatem sequitur possibilitas vel contingentia.

Et quantum ad primum dicitur, quod voluntas, in quantum est
actus primus, libera est ad oppositos actus et mediantibus illis acti-
bus oppositis est libera ad opposita obiecta, in quae tendit, et ulterius ad oppositos effectus, quos producit. Prima libertas habet necessario aliquam imperfectionem adnexam, quia potentialitatem
passivam voluntatis et mutabilitatem; sed secunda libertas est sine
omni imperfectione, etiam si voluntas non posset habere tertiam
libertatem.

C   Circa secundum dicitur, quod illam libertatem concomitatur
potentia ad opposita manifesta. Licet enim non sit potentia ad
velle simul et non velle, quia hoc nihil est, est tamen in ea potentia ad velle post non velle sive ad successionem actuum opposi-

---

2. Hebr. 4:13.   3. *determinatam* Ob.

torum. In eis tamen est et alia non ita manifesta absque omni successione. Ponendo enim voluntatem creatam tantum esse in uno instanti, et quod ipsa in illo instanti habet hanc volitionem, non necessario tunc habet eam primo; si enim in illo instanti haberet eam necessario, cum non est causa nisi in illo instanti, quando causaret eam, ergo simpliciter voluntas, quando causaret eam, necessario causaret. Non enim modo est contingens causa, quia praeexistebat ante illud instans, in quo causat, et tunc praeexistens potuit causare vel non causare, quia sicut hoc ens, quando est, tunc est necessarium vel contingens, ita causa, quando causat, tunc causat necessario vel contingenter. Quod ergo in isto instanti causat hoc velle et non necessario, causat ipsum contingenter. Ergo haec potentia causae ad oppositum eius, quod causat, est sine successione. Et ista potentia realis est potentia prioris naturaliter ut actus primi ad opposita, quae sunt posteriora naturaliter ut actus secundi. Actus enim primus consideratus in isto instanti, in quo est[4] prior naturaliter actu secundo, ita ponit illum in esse tamquam effectum suum contingenter, quod ut prior naturaliter posset aeque ponere oppositum in esse.[5]

Iuxta praedicta dicitur de voluntate divina primo: quae sit eius libertas. Et dicitur, quod voluntas divina non est libera ad diversos actus volendi et nolendi. Sed propter illimitationem volitionis est libera ad opposita obiecta, et illa est prima. Et praeter illam est libertas ad oppositos effectus et est voluntas divina libera, in quantum est operativa, non in quantum est productiva vel receptiva suae volitionis. Secundo dicitur: ad quae est libertas volitionis divinae. Et dicitur, quod nihil aliud respicit necessario[6] pro obiecto nisi suam essentiam, et ideo ad quodlibet aliud se habet contingenter, ita quod potest esse oppositi, et hoc considerando ipsam ut est prior potentia naturaliter tendens in illud obiectum nec solum ipsa ut voluntas prior est naturaliter suo actu, sed in quantum etiam volens: Quia sicut voluntas nostra ut prior naturaliter suo actu ita elicit actum illum, quod posset in eodem instanti elicere oppositum, ita voluntas divina, in quantum sola volitione ipsa est prior naturaliter tendentia tali; ita enim tendit in illud obiectum contingenter, quod in eodem instanti posset tendere in oppositum obiectum, et hoc tam potentia logica, quae est non-repugnantia

---

4. *est* add. ET.
5. Circa hunc textum habent FMMa seq. not. marg.: *Videtur mihi, quod illud idem, quod recitat et improbat, postea simpliciter ponit ipsemet.*

6. om. FMOObT (marg. Ma); habet editio Scoti.

terminorum, sicut dixit prius de voluntate nostra, quam potentia reali, quae est prior naturaliter suo actu.

D   Sed quomodo cum tali contingentia stat certitudo scientiae divinae? Dicitur, quod hoc potest poni dupliciter: Uno modo per hoc, quod intellectus divinus videns determinationem voluntatis divinae videt illud fore pro A, quia illa voluntas determinat fore pro A. Scit enim illam voluntatem esse immutabilem et non impedibilem.

Aliter dicit posse poni, quia intellectus divinus aut offert simplicia, quorum unio est contingens in re, aut si offert sibi complexionem, offert eam sicut sibi neutram, et voluntas eligens unam partem, scilicet coniunctionem istorum pro aliquo nunc in re, facit istud esse determinate verum: Hoc erit pro A. Hoc autem existente determinate vero essentia est divino intellectui ratio intelligendi illud verum, et hoc naturaliter, quantum est ex parte essentiae, ita quod, sicut naturaliter intelligit omnia principia necessaria quasi ante actum voluntatis divinae, quia eorum veritas non dependet ab illo actu et essent intellecta, si per impossibile non esset volens, et ita essentia divina est ratio cognoscendi ea in illo priori, quia tunc sunt vera, non quidem quod ista vera moveant intellectum divinum nec etiam termini eorum ad apprehendendum talem veritatem, sed essentia divina est ratio cognoscendi sicut simplicia ita etiam complexa talia. Tunc autem non sunt vera contingentia, quia esset[7] tunc, per quod habeant veritatem determinatam. Posita autem determinatione voluntate divinae iam sunt vera, et in illo secundo instanti erit essentia ratio cognoscendi ea.

Exemplum ponitur tale: Sicut si in potentia mea visiva semper stans unus actus sit ratio videndi obiectum, si ab alio praesentante nunc sit iste color praesens, nunc ille, oculus meus videbit nunc hoc, nunc illud, et tamen per eandem visionem tantummodo erit differentia in prioritate videndi propter obiectum prius vel posterius praesentatum, et si unus color fieret naturaliter praesens et alius libere, non esset differentia formaliter[8] in visione mea, quin ex parte sua oculus naturaliter videret utrumque, tamen contingenter videret[9] unum et necessario aliud, in quantum unum sit praesens contingenter et aliud necessario. Utroque illorum modorum ponere[10] intellectum divinum cognoscere existentiam rerum, patet secundum utrumque quod est determinatio intellectus divini ad illud existens, ad quod determinatur voluntas divina, et certi-

---

7. sic F; *est* EMMaOObT; ed. Scoti: *nihil est.*
8. *formalis* MaOb.
9. *videt* FE; *posset videre* ed. Scoti.
10. *poneretur* EM; *ponitur* ed. Scoti.

tudo infallibilitatis, quia non potest voluntas determinari, quin
intellectus determinate apprehendat illud, quod voluntas determinat, et immutabiliter, quia tam intellectus quam voluntas sunt
immutabiles, et cum istis stat contingentia obiecti cogniti, quia
voluntas volens hoc determinate, contingenter vult hoc.

[Contra opinionem Scoti]

E   Contra ista[11] potest argui. Primo contra hoc, quod dicitur, quod
primam[12] libertatem voluntatis consequitur una potentia ad opposita non manifesta, quae est ad opposita sine successione. Hoc enim
non videtur verum. Cuius ratio est, quia illa potentia, quae per
nullam potentiam, etiam infinitam, potest reduci ad actum, [non
est ponenda];[13] sed per nullam potentiam potest ista potentia non
manifesta reduci ad actum, quia si reducatur, ergo voluntas vult
aliquid pro A et non vult illud pro A, et ita sunt manifeste contradictoria simul vera.

Si dicatur, quod si reducitur ad actum, iam non est haec vera:
Voluntas voluit hoc pro A, nec etiam ista: Voluntas vult hoc pro
A, quia eo ipso, quod voluntas non vult hoc pro A, sequitur, quod
haec non est vera: Voluntas vult hoc pro A. Contra: Hoc est com-
muniter concessum a philosophis et theologis, quod Deus non potest facere de praeterito non praeteritum, quin semper sit postea
verum dicere, quod fuit praeteritum; ergo cum per positum haec
sit modo determinate vera: Voluntas vult hoc pro A, et per[14] hoc
postea semper erit vera, et numquam haec fuit vera: Voluntas[15] vult
hoc pro A,[16] ergo post A haec[17] semper fuit impossibilis: Voluntas[18]
voluit hoc pro A, et ultra, ergo modo postea est verum dicere, quod
haec non potuit esse vera in illo instanti, in quo sua opposita fuit
vera: Voluntas non vult hoc pro A, quamvis prius fuit vera,[19] quia
propositio vera fit impossibilis frequenter.

F   Si dicatur, quod illa potentia potuerit[20] reduci ad actum, quia
potest cessare velle hoc pro A — respondeo: Hoc non valet: quia
ista potentia ad opposita est manifesta et cum successione. Nam
in uno instanti haec erit[21] vera: Voluntas vult hoc pro A, et in

---

11. *istam* Ob; *istam opinionem*
EMMa.
12. *secundam* EMMaO.
13. non est ponenda/om. FOObT;
Ma marg. al. manu.
14. *consequens* add E.
15. *non* add. E.

16. ... necessitate/om. E.
17. semper erit.../om. Ob.
18. *non* add. E.
19. voluntas.../om. EOb.
20. *quod* add. F.
21. *est* EMa.

alio instanti erit haec vera: Voluntas non vult hoc pro A; sed
quod in eodem instanti sint ambae verae per quamcumque potentiam, est simpliciter impossibile, sicut impossibile est, quod haec
sit primo vera: Voluntas creata vult hoc pro A, et quod postea
sit haec vera: Voluntas numquam voluit hoc pro A. Et ita in
creaturis est universaliter verum, quod numquam est potentia ad
opposita obiecta sine successione non magis quam ad oppositos
actus. Immo per idem argumentum probari potest potentia ad
oppositos actus voluntatis creatae sine successione et ad opposita
obiecta. Nec ratio sua concludit, quia concedendum est, quod voluntas, quando causat, contingenter causat. Sed ista potest habere
duas causas veritatis: Vel quia possibile est, quod in eodem instanti sit verum dicere, quod non causat, et hoc est impossibile,
quia posito quod in aliquo instanti sit causans, impossibile est,
quod in eodem instanti sit non causans. Vel dicitur causare contingenter, quia libere sine omni variatione adveniente sibi vel
alteri et non per cessationem alterius causae potest cessare ab
actu in alio instanti, ita quod in alio instanti sit non causans, non quod in eodem instanti sit non causans: et isto modo voluntas causat contingenter. Non sic autem causa naturalis, quia
causa naturaliter agens semper agit, nisi ipsum[22] mutetur vel aliqua
novitas fiat circa ipsum vel quia aliqua causa cessat causare vel
per aliquem alium modum sine quo omni potest ipsa voluntas sola
sua libertate cessare ab actu.

G   Ad formam ergo argumenti dico, quod in illo instanti, in quo
causat, contingenter causat, nec tunc necessario causat. Sed ex hoc
non sequitur, quod haec potentia causae ad oppositum sit ad non
causare et ad eius oppositum sine successione; quia impossibile
est quod per quamcumque potentiam reducitur ad actum sine successione. Sed est potentia ad eius oppositum, quae potentia potest
reduci ad actum[23] per successionem, non tamen illo modo, quo
praecise potentia causae naturalis ad non causandum potest reduci
ad actum. Nam accipio calorem calefacientem lignum; iste calor
potest non calefacere, et haec potentia potest reduci ad actum,
vel per destructionem caloris agentis, vel per amotionem passi,
vel per impedimentum interpositum, vel per subtractionem causae
coagentis — puta, quia Deus non vult sibi coagere — vel per perfectionem termini producti, quia scilicet ita perfectus calor est pro-
ductus, quod ab isto calore non potest produci perfectior. Praeter
istos modos adhuc est unus modus, quo potest voluntas creata

22. *ipsa* (et in seq. *ipsam*) E   23. ad actum/om. FTO.

cessare ab actu causandi, scilicet se sola, quantumcumque nullum praedictorum desit, sed omnia sint posita: et hoc et non aliud est voluntatem contingenter causare. Ex isto patet, quod non est convenienter dictum, quod voluntas divina ut prior naturaliter ita ponit suum effectum in esse in A, quod potest eum non ponere in esse in eodem instanti, quia non sunt talia instantia naturae, sicut iste imaginatur, nec est in primo instanti naturae talis indifferentia ad ponendum et non ponendum. Sed si in aliquo instanti ponit effectum suum in esse, impossibile est, quod per quamcumque potentiam sit illud instans et quod in illo non sit, sicut est impossibile, quod per quamcumque potentiam contradictoria sint simul vera.

Ideo dico quod universaliter numquam est potentia, ita quod opposita verificentur sine successione, immo impossibile est, quod Deus respiceret obiectum et non respiceret illud, nisi esset aliqua successio saltem in actu vel coexisteret, et tunc foret in alio quocumque mutatio.

Praeterea contra illud, quod dicit de determinatione voluntatis divinae potest argui primo, quod conclusio principalis non sit vera, quia quando aliquid determinatur contingenter, ita quod possibile est, quod numquam fuisset determinatum, per talem determinationem non potest haberi evidentia certa et infallibilis; sed voluntas divina ita determinatur quod adhuc possibile est eam numquam fuisse determinatam; ergo evidentia certa et infallibilis non potest haberi per talem determinationem, ex quo simpliciter potest numquam fuisse; et ita videtur, quod determinatio voluntatis divinae, si esset, parum faceret.

Praeterea: quantumcumque posset salvari certitudo scientiae per determinationem voluntatis respectu omnium effectuum productorum a voluntate et etiam respectu omnium effectuum causarum naturalium, quibus voluntas divina coagit, non tamen videtur, quod certitudo actuum futurorum ipsius voluntatis creatae possit per praedictam determinationem salvari: Quia si respectu omnium est voluntas divina determinata, quaero: Aut illam determinationem necessario sequitur determinatio vel productio voluntatis creatae, vel non? Si sic, ergo ita naturaliter agit voluntas creata sicut quaecumque causa naturalis, quia sicut voluntate divina existente determinata ad unum oppositorum non est in potestate causae naturalis cuiuscumque non coagere et etiam ipsa non determinata non coagit causa naturalis, ita voluntate divina existente determinata voluntas creata coageret nec haberet in potestate sua non coagere, et per consequens nullus actus voluntatis creatae esset sibi imputandus.

Si autem determinationem voluntatis divinae non necessario sequitur determinatio voluntatis creatae, ergo ad sciendum, utrum
effectus ponetur,[24] non sufficit determinatio voluntatis divinae, sed
requiritur determinatio voluntatis creatae, quae non est adhuc vel
non fuit ab aeterno. Ergo Deus ab aeterno non habuit certam
notitiam futurorum contingentium propter determinationem voluntatis divinae.

Praeterea, quantumcumque voluntas creata sit determinata ad
alteram partem et quantumcumque intellectus videat illam determinationem, quia tamen voluntas nostra potest ab illa determinatione cessare et non determinari, intellectus non habet certam notitiam de illa parte. Ergo visio determinationis voluntatis, quae
voluntas potest non determinari ad illam partem, non sufficit ad
notitiam certam illius partis.

K   Praeterea, quod dicit, quod in primo instanti intellectus divinus
offert simplicia et postea voluntas divina eligit unam partem et
post intellectus evidenter cognoscit illam partem, illud non videtur
esse verum, quia non est talis processus nec talis prioritas nec talis
contradictio in Deo, quod intellectus divinus pro aliquo instanti
non cognoscit futura contingentia evidenter et pro aliquo cognoscit.
Hoc enim esset imperfectionis ponere, quod intellectus divinus
quamcumque perfectionem reciperet ab alio.

[Opinio propria]

L   Ideo dico ad quaestionem, quod indubitanter est tenendum,
quod Deus certitudinaliter et evidenter scit omnia futura contingentia. Sed hoc evidenter declarare et modum, quo scit omnia
futura contingentia, exprimere est impossibile omni intellectui pro
statu isto.

M   Et dico, quod Philosophus diceret, quod Deus non scit evidenter et certitudinaliter aliqua futura contingentia, et hoc propter
istam rationem: Quia illud quod non est in se verum, non potest
sciri pro illo tempore, quo non est in se verum. Sed futurum contingens dependens simpliciter a potentia libera non est in se verum,
quia non potest secundum eum assignari ratio, quare plus est una
pars vera quam alia, et ita vel utraque pars est vera vel neutra, et
non est possibile, quod utraque pars sit vera, igitur neutra est vera,
et per consequens neutra scitur. Ista ratio non concludit, secundum
viam Philosophi, nisi de his, quae sunt in potestate voluntatis. In
his autem, quae non sunt in potestate voluntatis, sed dependent

---

24. *poneretur* (bis) EMaO.

simpliciter a causis naturalibus, non concludit, sicut quod sol orie-
tur, et sic de aliis. Et hoc, quia causa naturalis determinatur ad
unam partem, nec possunt omnes causae naturales impediri nisi per
causam liberam, per quam tamen possunt impediri respectu unius
effectus determinati, quamvis non respectu cuiuslibet.

Ista tamen ratione non obstante tenendum est, quod Deus evidenter cognoscit omnia futura contingentia. Sed modum exprimere
nescio. Potest tamen dici, quod ipse Deus vel divina essentia est
una cognitio intuitiva tam sui ipsius quam omnium aliorum facti-
bilium et infactibilium tam perfecta et tam clara, quod, ipsa etiam
est notitia evidens omnium praeteritorum, futurorum et praesen-
tium, ita quod sicut ex notitia intuitiva intellectiva nostra extre-
morum potest intellectus noster cognoscere evidenter aliquas propositiones contingentes, ita ipsa divina essentia est quaedam cognitio et notitia, qua non tantum scitur verum necessarium et contingens de praesenti, sed etiam scitur, quae pars contradictionis erit
vera et quae erit falsa. Et hoc forte non est propter determinationem
suae voluntatis. Sed etiam posito per impossibile, quod ipsa divina cognitione existente ita perfecta, sicut modo est, non est[25]
causa effectiva nec totalis nec partialis effectuum contingentium,
adhuc esset notitia, qua evidenter sciretur a Deo, quae pars contradictionis erit falsa et quae erit vera. Et hoc non esset, quia
futura contingentia essent sibi praesentia, nec per ideas tamquam
per rationes cognoscendi, sed per ipsammet divinam essentiam vel
divinam cognitionem, quae est notitia, qua scitur, quid est falsum
et quid est verum, quid fuit falsum et quid fuit verum, quid erit
falsum et quid erit verum. Ista conclusio, quamvis per rationem
naturalem nobis possibilem et a priori probari non possit, tamen
per auctoritates Bibliae et Sanctorum, quae sunt satis notae, potest
probari. Sed transeo de eis ad praesens.

N   Verumtamen pro aliquibus artistis est sciendum, quod quantumcumque Deus sciat de omnibus futuris contingentibus, quae
pars erit vera et quae falsa, tamen haec non est necessaria: Deus
scit, quod haec pars erit vera, immo haec est contingens in tantum,
quod quantumcumque haec sit vera: Deus scit, quod haec pars
contradictionis erit vera, tamen possibile est, quod haec numquam
fuerit vera. Et in isto casu potentia est ad oppositum illius sine
omni successione, quia possibile est, quod numquam fuerit. Sed
sic non est de voluntate creata, quia postquam voluntas creata aliquem

---

25. non est/om. Ob; *non esset* EM; *homo* (!) *est* FO.

100 APPENDICES

actum habuerit, non est possibile, quod postea sit verum dicere, quod numquam habuit talem actum.

De propositionibus de possibili dico, sicut alii dicunt, quod ista propositio et consimiles: Deum volentem A fore possibile est velle non fore, est distinguenda secundum compositionem et divisionem. In sensu compositionis denotatur, quod haec sit possibilis: Deus volens A fore non vult A fore, et hoc est impossibile, quia includit contradictionem. In sensu divisionis denotatur, quod Deus volens A fore potest non velle A fore, et hoc est verum.

Et si dicatur: ponatur in esse, et non accidet impossibile, et per consequens, ista stant simul: Deus vult A fore, et Deus non vult A fore — dico, quod posito illo possibili in esse non sequitur impossibile; sed non debet sic poni in esse: Deus volens A fore non vult A fore, sed debet sic poni in esse: Deus non vult A fore,[26] et isto posito in esse nullum sequitur impossibile, quia non sequitur nisi ista: Deus numquam voluit A fore, et ista non est impossibilis sed contingens, sicut sua contradictoria semper fuit contingens scilicet: Deus[27] vult A fore.

O   Per praedicta potest responderi ad quaestionem, quod Deus habet scientiam determinatam de futuris contingentibus, quia determinate scit, quae pars contradictionis erit vera et quae falsa. Sed habere scientiam de futuris contingentibus dupliciter potest intelligi: vel quia scientia illa, qua sciuntur futura contingentia, sit necessaria, vel quod illa scientia necessario sciatur. Primo modo dico, quod Deus de futuris contingentibus habet scientiam necessariam, quia in Deo est unica cognitio quae est complexorum et incomplexorum, necessariorum et contingentium et universaliter omnium imaginabilium; et illa scientia est ipsa divina essentia, quae est necessaria et immutabilis. Secundo modo sic intelligendo Deum habere scientiam necessariam de futuris contingentibus, quod Deus necessario sciat hoc futurum contingens, sic non est concedendum, quod habeat scientiam necessariam, quia sicut ipsum contingenter erit, ita Deus contingenter scit ipsum fore.

[Ad rationes principales]

P   Ad primum principale potest dici, quod altera pars contradictionis est determinate vera, ita quod non est falsa, est tamen contingenter vera, et ideo ita est vera, quod potest esse falsa et potest numquam fuisse vera.

---

26. sed.../om. TM; "non"/om. O.   27. *non* add. FMOT, sed inconsequenter, ut videtur.

Et si dicatur, quod propositio de praesenti semel vera habet aliquam propositionem de praeterito necessariam, sicut si haec sit semel vera: Sortes sedet, haec erit postea semper necessaria: Sortes sedit; ergo si haec sit modo vera: A est verum — sit A propositio talis contingens — haec semper erit vera et necessaria: A fuit verum — dicendum, quod quando aliqua talis propositio de praesenti aequivalet propositioni de futuro vel dependet a veritate alicuius futuri, non oportet, quod propositioni verae de praesenti correspondeat necessaria de praeterito. Et ita est in proposito.

Ad secundum patet, quod non sequitur: Deus habet scientiam necessariam de A, nisi secundo modo accipiendo "habere scientiam necessariam"; ergo Deus necessario scit A. Sed accipiendo primo modo "habere scientiam necessariam" consequentia non valet.

Ad argumentum in oppositum patet per praedicta.

[Distinctionis 39ae Quaestio Unica]

A   Circa distinctionem trigesimam nonam quaero: *Utrum Deus possit scire plura quam scit.*

Quod sic videtur: Quia potest scire aliquid, quod nescit, ergo potest scire plura quam scit. Antecedens patet, quia modo nescit istam: Ego sum Romae, et istam potest scire, igitur ista potest esse vera.

Ad oppositum: Scientia Dei nec potest augeri nec minui; ergo non potest scire plura quam scit.

B   *Ad quaestionem:* Primo videndus est intellectus quaestionis. Et est sciendum, quod aliud est quaerere, an Deus possit scire plura quam scit, et an Deus possit scire aliquid quod non scit.

Secundo sciendum est, quod scire dupliciter accipitur ad praesens, scilicet large et stricte. Primo modo idem est quod cognoscere, secundum quod cognoscere commune est ad omnia: et isto modo Deus scit, hoc est cognoscit, omnia, scilicet complexa et incomplexa, necessaria et contingentia, vera et falsa et impossibilia. Stricte scire idem est quod cognoscere verum: et sic nihil scitur nisi verum.

C   Per hoc dico ad quaestionem, quod accipiendo scire large, Deus non potest scire plura nec scire aliquid quod non scit, quia nullius notitiam potest de novo accipere. Secundo modo accipiendo scire dico, quod Deus non potest plura scire quam scit. Cuius ratio est, quia omne verum scitur a Deo, et semper aequalia sunt vera. Unde non est possibile, quod plura sint vera in uno tempore quam in alio, quia semper altera pars contradictionis est vera, et nihil est

verum, nisi sit altera pars contradictionis, et non est possibile, quod
utraque pars contradictionis sit vera, et ita semper[28] tot sunt vera
in uno tempore quot in alio et non plura neque pauciora, quamvis
aliqua sint vera in uno tempore, quae non sunt vera in alio tempore. Et universaliter, si aliquid fiat falsum, quod prius erat verum,
aliquid fiet verum, quod prius erat falsum.

Tamen hoc non obstante, quod Deus possit scire plura quam
scit, tamen Deus potest scire aliquid, quod non scit, accipiendo
scire isto secundo modo. Sicut aliquid potest esse verum, quod prius
non erat verum, ita aliquid potest esse scitum a Deo, quod prius non
erat scitum, quia omne verum, quando est verum, est scitum a Deo,
et quando non est verum, non est scitum a Deo. Sicut[29] ista non
est modo scita a Deo: Ego sum Romae, quia modo non est vera,
et tamen potest esse scita a Deo, quia potest esse vera, et si erit
vera, erit scita a Deo.

Et si dicatur, quod tunc posset Deus mutari a sciente in non-
scientem et econverso, quod est impossibile.

Et potest confirmari, quia quamvis aliquid possit de novo denominari ab aliqua denominatione relativa vel denominabili rela-
tivo sive connotativo sine sui mutatione, tamen non potest denominari de novo ab aliquo denominabili absoluto sine sui mutatione.
Sed scientia est quaedam perfectio absoluta in Deo. Ergo non
potest Deus de novo fieri sciens hoc scibile, nisi mutetur.

Praeterea: Idem est scire Sortem sedere et postea scire Sortem
sedisse; ergo per hoc quod Deus primo scit istam: Sortes sedet,
et postea scit istam: Sortes sedit, non scit aliud, sed idem.

Ad primum istorum dico, quod quamvis Deus sit primo non
sciens hoc et postea sit sciens hoc, non sequitur Deum mutari, quia
ad verificandum talia contradictoria de Deo sufficit sola mutatio in
creatura. Sicut ad hoc, quod sit primo non creans et postea creans,
sufficit sola mutatio creaturae.

Ad confirmationem dico, quod scientia, sicut modo loquimur
de scientia, non est denominabile absolutum praecise, sed est denominabile connotativum, quia scire connotat, quod illud, quod
scitur, sit verum et non falsum, et ideo,[30] quia idem potest esse
prius falsum et postea verum, ideo sine omni mutatione a parte
Dei, potest aliquid esse primo non scitum a Deo, et postea esse
scitum.

Ad secundum dico, quod non est idem scire Sortem sedere et
Sortem sedisse, nisi accipiendo scire pro illa notitia, quae est a

---

28. om. EMMa.   30. om. EMMa.
29. *sed* ObT.

parte Dei, tamen ista non sunt idem nec aequipollent nec sunt convertibilia: Deus scit Sortem sedere, et Deus scit Sortem sedisse, quia una potest esse vera, altera existente falsa. Et si essent duo, quorum unus crederet Sortem sedere et alius Sortem sedisse, esset possibile, quod unus in eodem tempore erraret et alius pro eodem tempore non erraret.

Et si dicatur, quod ex isto sequeretur, quod Deus cognosceret enuntiabilia, et per consequens componeret et divideret, quod est inconveniens — dicendum, quod omnia enuntiabilia cognoscit Deus sine omni compositione et divisione, quia unica cognitione simplicissima cognoscit omnia.

[Ad rationes principales]

Ad argumentum principale patet, quod Deus potest scire aliquid, quod prius non scivit; sed hoc non est, quia aliquid scibile vel verum prius ignoravit, sed quia aliquid est modo verum, quod prius non erat verum, immo prius fuit falsum.

Ad argumentum in oppositum patet, quod scientia Dei nec potest augeri nec minui, potest tamen aliquid scire quod non scivit prius, sicut potentia Dei non potest augeri nec minui, et tamen potest aliquid producere, quod prius non produxit.

APPENDIX II

Ockham
Expositio Super 1ᵐ Librum Perihermenias
c. 9ᵐ

The following text is based on three manuscripts and the only printed edition of the work:

F   Firenze Bibl. Naz. B. 4. 1618, written 1331 in Naples.

L   Los Angeles University of Southern California 6, written in the (early?) fourteenth century (cf. *Census of Medieval and Renaissance Manuscripts in the United States and Canada,* I).

O   Oxford Bodl. Misc. 558, written in the fourteenth century.

E   Edition of Bologna, 1496.

The text of the Bologna edition is extremely unsatisfactory and cannot be used without the help of additional manuscripts. The three manuscripts used by us are in fair agreement. We preferred F and L to O and E. In order to facilitate a comparison with the Aristotelian original we have added quotations from the standard Bekker edition.

In singularibus vero et futuris ... [18 a 33-b 10].

In ista parte determinat Philosophus, quomodo propositiones[1] de futuro oppositae se habent ad veritatem et falsitatem, et dividitur in duas partes, quia primo ostendit, quod in aliquibus de futuro nulla est veritas determinata, secundo ostendit, quomodo se habent ad veritatem et falsitatem, ibi: *Esse igitur quod est.* ... Prima pars dividitur in tres partes, quia primo ostendit, quod si in omnibus de futuro[2] esset veritas determinata,[3] omnia evenirent de necessitate; secundo infert plura inconvenientia ex illo inconvenienti; tertio ostendit,[4] quod hoc esset[5] impossibile. Secunda ibi: *Quae igitur contingunt inconvenientia* ..., tertia ibi: *Quod si haec non sunt possibilia.* ... Prima pars dividitur in duas partes, quia primo ostendit hoc inconveniens sequi, secundo incidentaliter ostendit, quod non utraque pars talis contradictionis est falsa, ibi: *At vero neque.* ... [6]

[18 a 33-b 10]
1. *singulares* add. E.
2. de futuro/om. E.
3. *sequeretur tunc* add. E; *quod* add. EF.
4. om. F.

5. *sit* E; *est* F.
6. *Prima pars dividitur in duas secundum quod duabus rationibus probat conclusionem suam ibi: Amplius si est* ... add. E.

104

In prima parte ponit duas rationes praemittens primo conclusionem dicens, quod in singularibus de futuro non similiter est sicut in illis de praeterito et de praesenti, scilicet quod non semper altera pars contradictionis est vera et altera falsa, sicut est in illis de praeterito et de praesenti.[7] Et hoc probat arguendo[8] ad impossibile sic: Si[9] omnis propositio affirmativa et[10] negativa sit determinate vera vel determinate[11] falsa, igitur si unus dicat: Hoc erit, et alius dicat: Hoc non erit, oportet quod unus illorum dicat determinate verum, si[12] quaelibet propositio sit determinate vera vel determinate falsa, sicut si aliquis dicat: Hoc erit album, et alius dicat: Hoc non erit album, oportet[13] quod alter dicat determinate verum et[14] alter determinate mentiatur. Sed hoc est falsum, quia tunc nihil fieret a casu vel ad utrumlibet, sed[15] omnia fierent ex necessitate. Ista[16] ultima consequentia patet, quia illud quod est ad utrumlibet,[17] non magis determinatur ad unam partem quam ad aliam, hoc est non magis determinatur[18] ad esse quam ad non esse; ergo si est determinatum, quod hoc[19] erit vel[20] non erit, non fit ad utrumlibet sed ex necessitate.

Amplius si est album . . . [18 b 10-16].

Hic ponit secundam rationem, quae est, quod si hoc sit modo album et si sit determinata veritas in illis de futuro, igitur haec[1] prius fuit vera: Hoc erit album, immo illa semper fuit vera:[2] Hoc erit album; sed[3] si fuit semper[4] futurum, igitur non potuit non[5] esse futurum, igitur non potuit non fieri, igitur[6] impossibile fuit non fieri, igitur necesse fuit fieri, et ita de aliis. Et per consequens omnia de necessitate fiunt, et nihil fit a casu nec ad utrumlibet. Et fundatur ista ratio in propositione ista, quod propositio singularis vera de praeterito est necessaria, igitur si haec sit modo vera,[7] haec fuit vera: Hoc erit album,[8] est necessaria, et per consequens necesse est fieri, et non potest aliter evenire.[9]

[18 a 33-b 10]
7. sicut . . ./om. E.
8. *deducendo* E; *ducendo* F.
9. om. F.
10. *vel* LO.
11. om. LO.
12. . . . mentiatur/om. E; et pro seq. *ita quod aliqua* O.
13. *sequitur* F.
14. *erit* LO (et in seq.).
15. . . . utrumlibet/om. LO.
16. . . . necessitate/om. E.
17. *utrumque* F (correximus propter homoiot.) ; *et* add. L; *quod* (corr.) add. O.
18. *terminatur* LO.

19. om. F.
20. *quod* add. F.

[18 b 10-16]
1. *hoc* . . . (*verum*) LO; . . . *illa*/om. E.
2. *prius* add. E.
3. om. E; post seq. *hoc* add. F.
4. om. F.
5. . . . *potuit*/om. LO.
6. . . . fieri (1)/om. LO; . . . fieri (2)/om. E.
7. *hoc est album* add. E.
8. *ergo est* add. E; *ergo* add. O.
9. *et* . . ./om. E.

At vero ... [18 b 16-20].

Hic incidentaliter ostendit, quod non utraque pars talis contradictionis est falsa, sicut aliqui possent cavillare, et hoc per duas rationes.[1] Prima est ista: Quandocumque aliqua[2] affirmatio est falsa, sua negatio sibi opposita erit[3] vera; similiter quando aliqua negatio est falsa, affirmatio sibi opposita erit[4] vera; ergo si ista sit falsa: Hoc erit, haec erit vera: Hoc non erit; et si[5] haec sit falsa: Hoc non erit, haec erit vera: Hoc erit; et per consequens, si istae duae sunt falsae, illae duae erunt verae.

Adhuc si verum est dicere ... [18 b 20-25].

Ponit secundam rationem, quae est quod si verum est dicere de aliquo, quod est album et magnum, oportet utrumque verificari de eodem simul; igitur similiter, si verum est dicere determinate,[1] quod hoc[2] erit cras album et magnum, cras erit verum dicere, quod hoc[3] est album et magnum; igitur eodem modo, si nunc verum est dicere determinate, quod neque erit neque non erit, puta quod navale bellum neque erit neque non erit, quod[4] oportebit,[5] si[6] utraque pars sit falsa. Nam si haec sit falsa:[7] Navale bellum erit,[8] erit verum dicere determinate,[9] quod navale bellum non erit; et[10] si haec sit falsa: Navale bellum non erit, verum erit dicere, quod[11] navale bellum[12] erit, et per consequens erit[13] verum dicere: Navale bellum neque est[14] neque non est, quod est impossibile; igitur impossibile est, quod utraque istarum sit determinate falsa:[15] Navale bellum erit cras, Navale bellum non erit cras.[16]

Sciendum est hic, quod in propositionibus singularibus de futuro, in quibus subiicitur praecise pronomen demonstrativum vel nomen simplex proprium alicuius unius[17] singularis est ista regula vera, quod si erit tale,[18] quod verum erit dicere, quod est tale. Et consimilis regula tenet[19]

[18 b 16-20]
1. *Secunda ratio est ibi: Adhuc si est*...add. E.
2. ...aliqua/om. E.
3. *est* LO.
4. *est* EO; post seq. *et econverso* add. E.
5. ...hoc erit/*econverso* E.

[18 b 20-25]
1. om. E.
2. om. EF.
3. om. EF.
4. *quidem* add. E; seq. om. LO.

5. *scilicet quod navale bellum neque erit neque non erit* add. E.
6. om. LO.
7. *non* add. F; *hoc*(?) add. L.
8. *est* F; post seq. *non* add. L; *tunc non* add. O.
9. om. F.
10. *sic* add. L; *similiter* add. O.
11. om. E; *non* add. F.
12. *non* add. F.
13. *cras* add. F.
14. *erit* LO (et in seq.).
15. igitur.../om. E.
16. *est quoque impossibile* add. E.
17. om. F; pro seq. *particularis* LO.
18. *talis* (et in seq.) LO.
19. *etiam* add. F; et pro seq. *de* F.

in propositionibus de praeterito. Sed[20] si subiicitur terminus communis vel unum compositum ex termino communi et pronomine demonstrativo, regula non est universaliter[21] vera neque in propositionibus de praeterito neque de futuro; nam haec est modo[22] vera: Verum erit falsum, et tamen numquam haec erit vera: Verum est falsum. Similiter haec est vera: Hoc verum: tu sedes, erit falsum; et tamen haec numquam erit vera:[23] Hoc verum est falsum. Similiter haec modo[24] est vera: Album fuit nigrum, et tamen haec numquam fuit vera: Album est nigrum. Similiter[25] haec est vera: Iste homo albus fuit niger, et tamen haec numquam fuit vera: Iste homo albus est niger. Sed si talis propositio sit modo vera: Hoc fuit album,[26] haec aliquando fuit vera: Hoc est album.[27] Et si haec sit modo[28] vera: Hoc erit[29] falsum, haec[30] erit vera: Hoc est falsum, et ita de aliis.

Et est intelligendum, quod consimilis regula intelligenda est consimiliter in omnibus propositionibus modalibus sumptis in sensu divisionis[31] vel aequivalentibus sensui divisionis. Unde bene sequitur: Hoc[32] potest esse album, igitur haec est possibilis:[33] Hoc est[34] album, et[35] tamen non sequitur: Nigrum[36] potest esse album, igitur haec est possibilis:[37] Nigrum est album, et sic de aliis.

Quae ergo contingunt . . . [28 b 26-19 a 7].

In illa parte Philosophus infert[1] plura inconvenientia ex inconvenienti illato dicens, quod haec inconvenientia et huiusmodi[2] sunt quae sequuntur, si detur quod tam in universalibus quam in singularibus necesse sit alteram partem contradictionis esse veram et alteram falsam, quia sic nihil fieret ad utrumlibet, sed omnia fierent ex[3] necessitate. Ex quo sequitur ultra, quod non oportet neque consiliari neque negotiari, quia ex quo determinatum est, sive consiliemur sive non, fiet sicut determinatum est a principio. Nec valet dicere, quod non est verum dicere,

---

[18 b 20-25]
20. *vel* LO.
21. est universaliter/*videtur* LO.
22. om. LO.
23. *ita quod* E.
24. om. LO.
25. . . .*niger* (2)/om. E.
26. fuit album/*album fuit nigrum* L.
27. *nigrum* L.
28. om. L; seq. om. F.
29. *modo* add. L.
30. om. F; *aliquando* add. E; pro seq. *est* L.
31. *compositionis* L; seq. . . . divisionis/om. ELO.

32. *nigrum* L.
33. *hoc . . . possibile* FL.
34. Hoc est/*nigrum potest esse* FL.
35. . . . album (2)/om. L.
36. *Hoc* F.
37. *hoc . . . possibile* F; *hoc est album nigrum potest esse album et tamen non sequitur. Igitur hoc est possibile* add. F.

[28 b 26-19 a 7]
1. *ostendit* F.
2. *similia* LO.
3. *de* EO.

quod hoc erit[4] nisi de proximo futuro, et non de remoto; quia nihil refert dicere, an sit verum[5] nunc vel ante millesimum annum. Nec valet dicere, quod alter dicentium: Hoc erit vel hoc non erit, dicit falsum, propter hoc quod dicit,[6] quia propter affirmare vel negare alicuius non est oratio vera vel falsa, sed ex eo quod sic est ex[7] parte rei, sicut significatur vel[8] non sic est, sicut significatur. Et ita nihil refert dicere: Hoc est[9] verum: Hoc est[10] ante millesimum annum vel post, et ideo si sit determinate verum, quod hoc erit vel non erit, omnia fient ex necessitate et nihil fiet a casu nec ad utrumlibet.

Quod si haec non sunt possibilia . . . [19 a 7-22].

Hic ostendit, quod non omnia eveniant ex[1] necessitate dicens, quod si haec sunt impossibilia, quae illata sunt, scilicet quod non oportet consiliari neque negotiari et quod omnia sunt ex necessitate, manifestum est, quod positio quae ponit[2] in futuris contingentibus alteram partem contradictionis esse veram et alteram falsam, est impossibilis.[3] Quod autem sit impossibile,[4] scilicet omnia evenire ex necessitate,[5] probat: Quia illa quorum nos sumus principia et de quibus nos consiliamur et quae non sunt semper in actu, sunt possibilia esse et non esse, vel non ex necessitate eveniunt; sed multa futura sunt, de[6] quibus nos sumus principia et de quibus nos consiliamur; ergo multa[7] talia non eveniunt ex necessitate.

Hoc etiam declarat per exemplum: quia possibile est vestem aliquam[8] incidi, quae tamen non inciditur,[9] sed exteritur et[10] vetustate consumitur; et similiter possibile est vestem non incidi, et tamen quod postea[11] inciditur. Ex[12] quibus concludit, quod manifestum est de multis futuris, quod non ex necessitate eveniunt,[13] sed aliqua[14] ad utrumlibet et alia[15] ut in pluribus.

[28 b 26-19 a 7]
4. . . . Hoc/om. L.
5. om. O; *dicere hoc est* add. F.
6. *hoc erit et alter quod hoc non erit et per consequens oportet alterum dicere verum* (*nisi*) add. E.
7. *a* LO.
8. . . . significatur/om. F.
9. Hoc est/*quod esse* (corr. in *est* F) EF; seq. "verum: Hoc" om. E.
10. *erit* F.

[19 a 7-22]
1. *de* LO.
2. *positio . . ./ponere* LO.

3. *impossibile* LO.
4. *impossibilis* F.
5. *ratio* add. (mg.) L.
6. . . . consiliamur/*huiusmodi* E et pro seq. *quorum* F.
7. *manifestum est quod* F.
8. *albam* LO.
9. *incidetur* E; seq. . . . inciditur/ om. E.
10. *ex* L; post seq. *et* add. L.
11. quod (eradit O) postea/om. L; pro seq. *incidatur* F.
12. *de* LO.
13. *eveniant* LO.
14. *alia* LO.
15. *aliqua* F.

Igitur esse quod est,[1] quando est . . . [19 a 23-32].

In ista parte ostendit, quomodo propositiones oppositae de futuro se habeant ad veritatem et falsitatem, et primo hoc facit, secundo infert duo corrolaria, ibi: *Quare manifestum est.* . . . In prima parte ostendit, quomodo partes contradictionis se habent ad veritatem et falsitatem.[2] Secundo ostendit, quod in[3] futuris contingentibus neutra pars est determinate vera, ibi: *Quare quoniam[4].* . . .

Intendit igitur primo istam conclusionem, quod de tota disiunctiva composita ex utraque parte contradictionis praedicatur necessitas,[5] et hoc sive in illis de praesenti et de praeterito sive in illis de futuro. Unde dicit, quod sicut in illis de praesenti et de praeterito omne quod est quando est necesse est esse, et omne quod non est quando non est necesse est non esse, quamvis[6] non omne quod est necesse est esse, nec[7] omne quod non est necesse est non esse, quia[8] non est idem dicere: Omne quod est quando est necesse est esse, et omne quod est necesse est esse, ita est in contradictione, quod esse vel non esse est necessarium, hoc est disiunctiva composita ex utraque parte contradictionis de praesenti est necessaria, et similiter futurum esse vel non esse est necessarium, hoc est disiunctiva composita ex duabus partibus contradictionis de futuro est necessaria, et[9] dividendo non est necessarium,[10] hoc est neutra pars istius disiunctivae est necessaria, sicut ista disiunctiva[11] est necessaria: Navale bellum erit cras vel[12] navale bellum non erit cras. Et[13] tamen nec ista est necessaria: Navale bellum erit cras, nec ista necessaria: Navale bellum non erit cras, quamvis disiunctiva sit necessaria.

Sciendum est quod ista propositio: Omne quod est quando est necesse est esse, de virtute sermonis est simpliciter falsa, et hoc quia ista non potest esse de virtute sermonis nisi temporalis vel de temporali subiecto. Si sit temporalis, sic valet istam:[14] Omne quod est necesse est esse quando ipsum est. Et ista[15] est falsa, quia ad veritatem temporalis requiritur veritas utriusque partis et pro eodem tempore. Sed ista pars prima: Omne quod est necesse est esse, est simpliciter falsa; igitur tota

---

1. Igitur. . ./*Omne igitur* LO.
2. veritatem. . ./*necessitatem* F.
3. *de* (et transp. "quod" post "contingentibus") LO.
4. *manifestum* F.
5. *veritas* LO.
6. . . .esse (2)/om. O.
7. *et* E;. . .esse/om. L.

8. . . .esse (2)/om. E.
9. *tamen* add. F.
10. *necessaria* E.
11. *non* LO (confusio propter homoiotel.).
12. . . .cras/om. LO.
13. . . .cras (2)/om. ELO.
14. valet istam/*est falsa. Nam ista proposptio* LO.
15. Et ista/om. LO.

temporalis est falsa. Si sit de temporali subiecto, sic adhuc est falsa,
quia tunc denotatur, quod omne illud de quo verificatur hoc totum subiectum, scilicet "est quando est," sit necesse esse. Et[16] hoc est falsum,
quia de quolibet existente verificatur hoc totum, et tamen non quodlibet
existens necesse est esse. Sed[17] tamen secundum intentionem, quam
ipse habuit de ista propositione, vera est, quia per istam voluit intelli-
gere istam: De omni illo, quod est, necessario[18] verificatur esse, si illud
tempus est, hoc est quod ista consequentia est necessaria, quamvis non
sit formalis: Hoc tempus est, igitur illud est; sicut si Sortes sit in A
tamquam in aliquo tempore,[19] ista consequentia semper est necessaria:
A est, igitur Sortes est. Similiter intelligit istam: Omne quod est[20]
quando est necesse est esse,[21] hoc est semper erit[22] verum dicere, quod
hoc[23] fuit in illo tempore in quo fuit. Et sufficit ad intentionem Philosophi, sicut posset declarari, sed propter brevitatem transeo. Et ita non est
de ista: Omne quod est necesse est esse; non enim sequitur: Tempus
est, igitur A est, si[24] A sit aliquid quod est,[25] sicut sequitur: Hoc tempus
est, igitur A est, si A sit[26] in hoc tempore.

Quare quoniam . . . [19 a 32-39].

Hic ostendit quod neutra pars contradictionis in illis de futuro est
determinate vera et hoc sic: Orationes similiter sunt verae sicut res[1] se
habent, quae[2] denotantur per orationes; sed res quae denotatur per
futurum contingens, ex quo est ad utrumlibet, non est magis determinata, quod[3] erit quam quod non erit, igitur propositio haec denotans[4]
non est magis vera quam falsa. Addit tamen Philosophus, quod quamvis
necesse sit alteram partem esse veram et alteram falsam, hoc est, quamvis
disiunctiva sit vera, tamen neutra pars est determinate vera nec determinate falsa. Est ergo tota intentio Philosophi, quod in futuris contingentibus neutra pars est[5] vera neque falsa, sicut res ipsa nec est determinata ad fore[6] nec ad non[7] fore.

[19 a 23-32]
  16. . . . esse/om. E.
  17. om. L (O cancell.?).
  18. *necessarium* L.
  19. *instanti* F; *subiecto*(?) L.
  20. *fuit* (et in seq.) E.
  21. *fuisse* E.
  22. *est* E.
  23. om. LO.
  24. om. F.
  25. *in tempore* add. E.
  26. *aliquid quod sit* add. E.

[19 a 32-39]
  1. . . . quae/om. E.
  2. *res autem* LO.
  3. *quam* L; et seq./om. F; . . . erit
(2)/*ad esse quam ad non esse* E.
  4. *demonstrans* LO.
  5. *determinate* add. E.
  6. *esse* LO.
  7. om. F; pro seq. *esse* LO.

Quare manifestum est . . . [19 a 39-b 4].

Infert duo corrolaria: Primum est, quod non est semper necessarium, quod altera pars contradictionis sit vera, et altera falsa. Secundum corollarium est, quod non similiter se habent partes contradictionis ad veritatem et falsitatem in illis de praesenti et de praeterito et in illis de futuro.

Ad evidentiam istius totius capituli est primo sciendum, quod intentio Philosophi est, quod in talibus contingentibus futuris neutra pars contradictionis est vera vel falsa,[1] sicut res non magis determinatur[2] ad fore quam ad non fore. Et ideo diceret[3] quod Deus non plus scit unam partem contradictionis[4] quam aliam, immo neutra scitur à Deo; quia ex quo neutra pars est vera, sicut hic determinat, et secundum eum 1º Posteriorum:* nihil scitur nisi verum, sequitur quod neutra pars est scita. Tamen secundum veritatem et[5] theologos aliter est dicendum, quia[6] dicendum est, quod Deus determinate scit alteram partem. Qualiter autem hoc sit, in theologia declarari debet.

Secundo sciendum est, quod non tantum in illis de futuro in voce[7] aliquando neutra pars est vera secundum intentionem Philosophi, immo etiam aliquando in illis de praesenti et de praeterito neutra pars est determinate[8] vera. Et hoc est verum, quando illa de praeterito vel de praesenti aequivalet illi de futuro. Sicut istae duae propositiones videntur aequivalere: A erit, A est futurum, et sic de multis. Et ideo non plus est vera una quam alia.[9] Utrum tamen tales propositiones aequivaleant de virtute sermonis vel non, non curo ad praesens.

Tertio sciendum, quod nihil est contingens ad utrumlibet, de quo Philosophus hic loquitur, nisi quod est in potestate alicuius libere agentis vel dependet ab aliquo tali. Et ideo in puris naturalibus, hoc est in animatis[10] anima sensitiva tantum et in inanimatis nulla est[11] contingentia, nec etiam casus et fortuna, nisi aliquo modo dependeant ab agente libero. Sed in omnibus aliis est inevitabilitas et necessitas, de qua loquitur hic Philosophus. Nec obstat, quod dicitur 2° Physicorum,** quod casus est in inanimatis et fortuna in animatis, quia quamvis casus

---

[19 a 39-b 4]

*L.c., c. 2 (7) (ed. Didot, t. 1, p. 122).
**L.c., cap. 4 (ed. Didot, p. 286).

1. *determinate* add. E.
2. *terminatur* O; *terminat* L.
3. *Philosophus* add. F.
4. *istius* add. F; *esse veram vel falsam* add. E.
5. *vel* LO.

6. . . .est/om. EF.
7. in voce/*secundum vocem sed* F.
8. om. LO; post seq.: *secundum intentionem Philosophi* add. LO.
9. *altera* LO; pro seq. Utrum tamen /*Verumtamen utrum* F; pro "tamen" *autem* L.
10. . . .et in/om. E.
11. nulla est/*ubi non* E; pro seq. *contingens* E; *ad utrumlibet* add. O; *ad utrumque* add. E.

inveniatur in inanimatis, hoc tamen fit ex aliquo principio, quod de-pendet[12] ex aliquo libere[13] agente. Et ideo si[14] actio agentis nec in se[15] nec in respectu alicuius principii[16] fuerat libera,[17] non erit casus, sed ex necessitate eveniet,[18] sicut haberetur 2° Physicorum declarari.

Per praedicta patet, quod Philosophus concederet istam consequen-tiam: Deus scit A fore, igitur A erit, sed[19] diceret antecedens esse sim-pliciter falsum et consequens nec esse verum nec falsum. Nec[20] est inconveniens, quod ex falso sequatur illud, quod nec est[21] verum nec falsum, sicut ex falso sequitur verum.

Sed numquid ista consequentia est bona: A erit, igitur Deus scit A fore? Et diceret forte Philosophus, quod consequentia non valet, quia A[22] neque est verum neque falsum, et consequens est simpliciter falsum, igitur consequentia non valet.

Et si dicatur:[23] Consequentia non valet, igitur oppositum consequen-tis stat cum antecedente, et per consequens stant simul: A erit, et: Deus nescit[24] A fore; sed[25] hoc est impossibile, quia impossibile est ista esse simul vera,[26] quia si ista sunt simul vera: A erit, et: Deus nescit A fore, igitur ista est possibilis: Aliquod verum non est scitum a Deo, quod videtur impossibile — ad istud forte Philosophus diceret, quod aliquas[27] propositiones stare simul, potest dupliciter accipi: Uno modo quod possunt esse simul verae, et sic ista non stant simul: A erit, et: Deus nescit A fore. Alio modo quod neutra infert oppositum alterius, et isto modo stant simul.

Ex isto patet, quod secundum intentionem Philosophi ista conse-quentia non valet: Impossibile est antecedens esse verum sine con-sequente, ergo consequentia est bona. Sicut[28] in proposito: Impossibile est istam propositionem esse veram: A erit, sine ista: Deus scit A fore; et[29] tamen ista consequentia non valet: A erit, igitur Deus scit A fore. Tamen quando antecedens et consequens sunt determinate vera vel[30] determinate falsa, sive unum sit determinate verum et aliud determinate falsum, est consequentia bona.

---

12. *dependebat* F.
13. *libero* EF.
14. om. E;...*agentis*/om. L.
15. in se/*tunc* LO; post seq. *ante* add. O; *in alio sive* add. E; seq. om. ELO.
16. ...*libera*/om. EL.
17. fuerat libera/om. O; *aut* add. L.
18. *advenit* LO; post seq. *habet* LO; *patebit* E et om. "declarari," pro quo *videri* LO.
19. *ipse* add. E; pro seq. *dicerem* F; *aliquis* add. L.
20. ...*falsum*/om. LO.
21. *erit* F(?).
22. om. F; *illa: A erit, id est antecedens* E.
23. *quod si* add. E; *si* add. O.
24. *non scit* (et in seq.) F.
25. ...*fore*/om. L.
26. ...*vera*/om. O;...*simul*/om. E.
27. *duas* L.
28. *Similiter* L.
29. ...*fore*/om. ELO.
30. *et* F;...*falsa*/om. O.

Est etiam notandum, quod secundum intentionem Philosophi aliqua universalis affirmativa est vera, et tamen nulla singularis est vera. Sicut haec est determinate vera secundum eum: Omne futurum contingens erit, et tamen nulla singularis est[31] vera, quia[32] quocumque singulari demonstrato[33] haec non est vera: Hoc futurum contingens[34] erit, quia[35] haec infert istam: Hoc erit, quae non est vera neque falsa secundum Philosophum.

Quid igitur requiritur ad veritatem talis universalis? Dicendum est, quod secundum Philosophum requiritur veritas disiunctivarum[36] compositarum ex partibus contradictionis. Et ideo si haec sit[37] vera: Omne futurum contingens erit, requiritur, quod haec sit vera: Hoc futurum contingens erit vel non erit, et sic de singulis. Nec est magis inconveniens, quod talis universalis sit vera et nulla singularis,[38] quam quod aliqua disiunctiva sit vera, et tamen neutra pars sit vera. Et hoc est[39] speciale in propositionibus non habentibus veritatem vel[40] falsitatem determinatam. Et ideo multae regulae generales debent negari in ista materia, quia hic secundum Philosophum habent instantiam. Sicut ista regula capit instantiam: Ab universali ad singularem est bona consequentia; Universalis sufficienter inducitur ex suis singularibus. Nam haec consequentia non valet: Hoc futurum contingens non erit, illud futurum contingens non erit, et sic de singulis, igitur nullum futurum contingens erit; quia consequens est determinate falsum et antecedens non est determinate falsum; ideo consequentia non valet.

Et sicut est de istis, ita est de multis aliis propter consimilem rationem.

---

31. *erit* F.

32. om. LO; *sed* E; pro seq. *quandocumque* L.

33. *sicut* add. LO.

34. *non* add. L; post seq. *et hoc* add. O.

35. *quod* F; seq. om. O.

36. *diversarum* EF; *propositionum* add. E.

37. *erit* LO.

38. nulla.../*tamen nulla eius singularis sit* (om. O) *vera* EO.

39. om. L; pro seq. *specialiter* L; *specialis* O; *quid* add. E.

40. *et* EO.

APPENDIX III

Ockham
SUMMA LOGICAE
p. III (III), c. 30^m

The following text is based on eleven manuscripts and one printed edition of the work:

A   Erfurt Amploniana Q 259, written 1339-1340 (our basic manuscript).

A_1 Erfurt Amploniana O 67, written 1339.

A_3 Erfurt Amploniana Q 257, written in the first half of the fourteenth century.

B   Basel Stadtbibliothek F. II. 25, written 1342.

Br   Bruges 497, written 1340.

C   Cambridge Gonville an Caius, 464/571, written 1341.

F   Firenze Bibl. Laur. Plut. XII sin. cod. 4, written probably at the end of the fourteenth century.

L   Laon 431, written in the fourteenth century.

Ma   Paris Bibl. Mazar. 3521, written in the fourteenth century.

N   Napoli Bibl. Naz. VIII. E. 62, written in the (early ?) fourteenth century.

N_1 Napoli Bibl. Naz. VIII. G. 98, written in the fourteenth century.

E   Edition of Venice, 1508.

Only the more important variants are presented in the following text.

Sed circa inductionem propositionis universalis de futuro est primo sciendum, quod dicendum est eodem modo de inductione propositionis de futuro necessariae et impossibilis sicut de illis de praesenti et de praeterito. Sed circa inductionem propositionis universalis de futuro in materia contingenti aliter dicendum est secundum veritatem[1] et aliter secundum intentionem Aristotelis. Et oritur ista diversitas ex hoc, quod aliter sentiendum est de veritate propositionis contingentis de futuro secundum veritatem et fidem et aliter secundum intentionem Aristotelis. Nam Aristoteles ponit, quod nulla propositio contingens talis de futuro est vera vel falsa, ita quod secundum intentionem Aristotelis una pars contradictionis in talibus non est magis vera quam alia, et propter hoc

---

1. *et fidem* add. BrEFMaN₁.

secundum eum una pars contradictionis non est magis scita a quocumque
intellectu quam alia, quia quod non est magis verum non est magis
scibile. Et propter hoc Aristoteles non posuisset aliquod futurum contingens esse scitum a Deo, cum nullum tale secundum eum sit verum,
et nihil est scitum nisi verum.

Sed veritas fidei ponit quod futura contingentia sunt scita a Deo,
ita quod una pars contradictionis est scita a Deo et alia non est scita a
Deo; sicut Deus ab aeterno scivit istam: Beata Virgo est salvanda et
numquam scivit istam: Beata Virgo non est salvanda; sicut nec umquam
scivit istam: Beata Virgo est damnanda; et propter hoc quod[2] una pars
contradictionis est scita et non alia, ideo una pars est vera, puta illa
quae est scita, et alia non est vera, quia non est scita a Deo.

Secundum igitur intentionem Aristotelis universalis affirmativa de
futuro poterit esse vera, quamvis nulla singularis sit vera. Sicut ista universalis secundum eum est vera: Omne futurum contingens erit; immo
secundum eum est necessaria; et tamen secundum eum nulla singularis
eius est vera: Quia demonstrato quocumque haec non est vera secundum eum: Hoc futurum contingens erit, quia infert istam: Hoc est
futurum contingens, quae nec est vera nec falsa secundum eum, sicut
nec ista quam infert: Hoc est futurum, secundum eum.[3]

Similiter secundum eum universalis de futuro poterit esse falsa, quamvis non habeat aliquam singularem falsam; sicut haec universalis est
falsa: Nullum futurum contingens erit, et tamen non habet aliquam singularem falsam, quia quocumque demonstrato haec non est eius singularis: Hoc futurum contingens non erit secundum eum propter causam
praedictam.

Et sicut aliquando talis[4] affirmativa est vera et tamen nulla singularis,
ita aliquando particularis affirmativa est vera et tamen nulla eius singularis est vera secundum eum. Et per[5] hoc solveret talia argumenta:
Probatur enim, quod haec est vera:[6] Sortes erit cras, sic: Haec est vera:
In aliquo instanti Sortes erit, et ista propositio debet concedi secundum
eum, si Sortes sit,[7] quia ponit quod non est dare ultimum rei permanentis
in esse. Si igitur haec sit vera: In aliquo instanti Sortes erit, sit illud
instans A, tunc haec est vera: Sortes erit in A, et ultra igitur erit in
aliquo instanti post A; detur illud et sit B; et ultra arguatur ut prius,
igitur erit in aliquo instanti post B, quia aliter B esset ultimum eius,
quod non est possibile. Eodem modo sequitur: Sortes erit in B, igitur
erit in aliquo instanti post B;[8] detur illud et sit C, et sic tandem deve-

2. om. ABF.
3. sicut.../om. ABrCEFMaN₁.
4. *universalis* add. BrCFLMaN₁.
5. *propter* ACLMaNN₁.

6. haec.../om. A₁A₃BLN.
7. si.../om. A₁A₃BLN.
8. Eodem.../om. AA₁A₃BCELN.

nietur ad diem crastinum. Diceret ad hoc Philosophus, quod haec est vera: In aliquo instanti erit Sortes, sed nulla eius singularis est vera, et ideo non est dandum illud instans, in quo erit Sortes. Unde secundum istum ista est vera: In aliquo instanti erit Sortes, et tamen nulla istarum est vera: In A erit Sortes, in B erit Sortes, et sic de singulis, et ideo nulla istarum est danda. Et eodem modo dicendum est secundum eum ad consimilia argumenta. Sed secundum veritatem fidei talis universalis affirmativa si sit vera et scita a Deo habet aliquam singularem veram, et hoc quia semper altera pars contradictionis est vera et scita a Deo.

Tamen advertendum est, quod aliquando aliter est universalis et particularis vera, et aliter singularis. Aliquando enim secundum unam opinionem universalis est necessaria et tamen nulla singularis est necessaria, immo quaelibet singularis sic est vera, quod quaelibet illarum potest esse falsa et potest numquam fuisse vera. Haec enim est necessaria: Quodlibet verum futurum contingens est verum, et tamen nulla singularis est ita vera quin potuit numquam fuisse vera. Similiter poterit esse, quod particularis sit inevitabiliter[9] vera et tamen quaelibet singularis sit evitabiliter[10] vera. Et in hoc est aliqualis similitudo inter opinionem Aristotelis et veritatem fidei.

Et sicut dictum est de propositionibus de futuro, ita dicendum est de propositionibus de praeterito et de praesenti aequivalentibus propositionibus de futuro. Unde sicut ista est vera: Iste salvabitur, et tamen possibile est, quod numquam fuerit vera, quia sequitur: Iste peccabit finaliter, igitur damnabitur, et ultra: igitur iste non salvabitur, et ultra: igitur ista numquam fuit vera: Iste salvabitur, et antecedens est possibile — manifestum est — igitur consequens est possibile, ita ista est modo vera: Iste fuit praedestinatus ab aeterno, et tamen possibile est quod numquam fuerit praedestinatus. Et hoc est, quia ista: Iste fuit praedestinatus ab aeterno, aequivalet isti de futuro: Iste salvabitur. Et ideo sicut una potest numquam fuisse vera, ita possibile est quod alia numquam fuerit vera.

Et ista est differentia inter veritatem propositionum de futuro et eis aequivalentium et veritatem propositionum de praeterito et de praesenti, quae non aequivalent illis de futuro, quia si aliqua propositio sit vera de praesenti, necessario semper erit postea verum dicere, quod illa propositio fuit vera. Sicut si haec sit modo vera: Sortes sedet, semper erit haec postea necessaria: Haec fuit vera: Sortes sedet, ita quod impossibile est, quod ista tota propositio: Haec fuit vera: Sortes sedet, sit umquam postea falsa. Et similiter est de propositione de praeterito;

---

9. *evidenter* EN; *inevidenter* BrC(?)LMa(?).

10. *evidenter* BrMaN; *inevidenter* C(?)E; *contingenter* N₁.

nam si haec sit modo vera: Sortes fuit albus, haec semper postea erit necessaria: Haec fuit vera: Sortes fuit[11] albus. Sed secus est de propositione de futuro; nam quantumcumque haec sit modo vera: Johannes salvabitur, tamen haec erit postea contingens: Haec fuit vera: Johannes salvabitur.

Et[12] per hoc potest patere, quod praedestinatio vel reprobatio vel aliquid huiusmodi non potest esse relatio realis inhaerens creaturae praedestinatae vel reprobatae, sicut aliqui dicunt; nam si esset talis res, sequeretur, quod ille qui est[13] praedestinatus non posset damnari. Nam si praedestinatio sit talis res, tunc ista erit vera: Iste est praedestinatus propter talem rem sibi inhaerentem, sicut ista est vera: Sortes est albus propter albedinem sibi inhaerentem, et per consequens, haec erit postea necessaria: Ista fuit vera: Iste est praedestinatus, et si hoc, sequitur, quod haec sit modo necessaria: Iste salvabitur; nam sequitur: Ista est necessaria, Ista fuit vera: Iste est praedestinatus, igitur iste salvabitur, et antecedens est necessarium, igitur consequens est necessarium. Et ex hoc sequitur, quod ista est modo necessaria: Iste salvabitur.[14]

Per ista etiam potest patere, quod propositione aliqua de[15] contingenti existente vera in aliquo instanti nullo modo potest esse falsa in eodem instanti. Sicut si haec sit modo vera: Iste habet actum bonum, impossibile est quod in isto instanti sit haec falsa: Iste habet actum bonum; cuius ratio est, quia propter positionem possibilis in esse numquam negandum est necessarium; sed posito in esse quod iste peccet, negandum est hoc necessarium post illud instans: Ista fuit vera: Iste habet actum bonum in A; et per consequens A existente et illo habente bonum actum in A, haec est impossibilis: Iste non habet bonum actum in A, et tamen ante[16] fuit possibilis. Sed ex quo positum est in actu, non est amplius possibilis.[17]

11. *est* BrFMaN₁.
12. *contra Scotum* (marg.) B.
13. *esset* AA₁CE.
14. et ex hoc.../om. A₃BLN.

15. om. A₃BBrCEFLMa.
16. *aliquando* A₁A₃BEFLNN₁.
17. *possibile* A₁A₃BBrMaN.

APPENDIX IV

Petrus Aureoli
IN I. SENTENTIARUM
d. 38, articulus tertius

The following text is transcribed from the manuscript: Firenze Bibl.
Naz. Conv. Sopp. B. I. 118.

I am indebted to the Rev. Patrice Robert, O. F. M., of Quebec,
Canada, for his kindness in allowing me to use his photostats of this
manuscript.

[Articulus tertius: An propositio singularis de futuro contingenti
sit determinate vera vel falsa in altera parte contradictionis.]

[*Opinio Scoti*]

Circa tertium vero considerandum, quod aliqui dixerunt quod de
futuris contingentibus est determinata veritas, non quidem in sua natura, sed in ordine ad divinam notitiam. Ubi considerandum quod non
eodem modo veritas determinata est in futuris sicut in praesentibus et
praeteritis, quia in istis est tanta determinatio, quod non est in potestate
causae posse in oppositum illius effectus. In illis vero pro instanti in
quo ponuntur futura potest poni oppositum illorum, quia non necessario
ponitur in effectu ab aliqua causa aliqua pars contradictionis futuri contingentis. Sed non propter hoc sequitur: si veritas contingentis futuri
sit (in) determinata quantum ad esse, quin cognitio illius determinata sit,
immo est determinata pro eo quod non est de se posita in esse sed ponenda. Nec Deus habet aliquid pro obiecto futuro, quin illud habeat
pro obiecto cognito. Sic igitur secundum istos concedi potest, quod Deus
scit Antichristum futurum et quod haec propositio est determinate vera:
Antichristus erit, nec propter hoc tollitur consilium, immo tolleretur, si
altera pars non esset futura; si enim neutra vel utraque esset futura, non
oporteret consiliari. Sed quia altera non tamen de necessitate futura est,
ideo consiliari oportet.

[*Opinio Philosophi 1º Perihermenias*]

Fuit vero mens Aristotelis opposita, sicut patet 1º Perihermenias.
Et arguit ad hoc, quia si singularis de futuro contingenti erit vera deter-

minate iam nunc determinatum est, quid fiet, et ita impossibile est non
fieri, et per consequens tollitur omnis sollicitudo, quia sive sollicitemur
sive consiliemur sive negotiemur vel non, id quod determinatum est fiet.

[Opinio propria]

Restat igitur nunc dicere quid videtur sub triplici propositione:

Prima quidem, quod sententia Philosophi est penitus conclusio demonstrata ita quod nulla propositio singularis formari potest de futuro
contingenti de qua concedi possit quod sit vera et eius opposita falsa
vel econverso. Sed quaelibet est neque vera neque falsa. Unde quamvis
verum sit, quod Sortes erit vel non erit, formando propositionem dis-
iunctivam, tamen categorice dicendo: Sortes erit, propositio neque vera
neque falsa est, similiter nec opposita: Sortes nec erit. Et tota ratio est,
quia sequitur demonstrative, quod omne contingens inevitabiliter eveniret. Inevitabilitas autem tollit omnem sollicitudinem, negotium et
consultationem, quod negare est negare per se notum et ponere oppositum principiorum moralis philosophiae et humanae naturae experi-
entiam cui inditum est quod negotietur et consilietur circa futura.

Quod igitur sequatur immutabilitas futurorum, si concedatur quod
propositio de futuro illud exprimens sit vera vel falsa, potest evidenter
demonstrari ex duabus propositionibus: Prima quidem, quod si talis
propositio vera est, illa immutabiliter et inevitabiliter erit vera. Secunda
vero, quod ex illa inevitabiliter et necessario sequitur, quod tale futurum ponet[ur] in esse. Primum ergo assumptum patet ex multis, scilicet
quod si haec propositio vera est: Antichristus erit, immutabiliter et
etiam (?) inevitabiliter erit vera. Si enim mutari potest, ne sit vera, aut
mutabitur in illo instanti quo est vera, aut in instanti praecedenti subsequenti usque ad instans quo res fiet, aut in instanti, quo res fiet. Sed
manifestum est, quod non potest mutari in illo instanti [in] quo est
vera, quia pro eodem instanti esset vera et non vera, quod est impossibile. Nec in instanti praecedenti. Tum quia si in instanti dato est vera
et in omni praecedenti fuit vera, quia si hodie verum est, quod Sortes
sit ens, et heri verum fuit, quod Sortes esset cras, et ita sicut poterat
mutari in falsitatem, mutaretur in illo eodem tunc quo esset vera et per
consequens simul esset vera et non vera. Tum quia si in instanti praecedenti suam veritatem mutaretur, sequeretur, quod ante amitteret veritatem quam haberet, quod nihil est dictu. Nec potest dici quod mutari possit in aliquo instanti subsequenti in tempore signabili inter in (di) stans
propositionis et instans quo res fiet, quia si in aliquo instanti subsequenti
(cancell. ?) utpote cras falsa sit haec propositio: Sortes erit, impossibile
est, quod fuerit heri vera. Detur enim oppositum, scilicet quod heri fuit
vera et hodie falsa, hoc erit propter aliquam mutationem factam in re.

Nulla autem mutatio facta est, quia nondum res est nec subest alicui potentiae in actu. Et per consequens [si] nihil mutetur circa rem, nihil mutabitur circa propositionem. Nec potest dici, quod in illo instanti, in quo res fiet vel non fiet, mutabitur illa veritas. Tum quia veritas illa transit in praeteritum, nam usque ad istud instans verum fuit, quod Sortes erit. Quod autem transit in praeteritum immutabile est secundum Philosophum 6° Ethicorum Agathonis sententiam approbantis, qui dicit, quod hoc solo privatur Deus ingenita facere quae facta sunt. Tum quia si mutaretur in instanti factionis rei, aut hoc erit quia significatum eius ponitur in esse et tunc non mutabitur sed potius confirmabitur in sua veritate, aut oppositum sui significati ponetur, et tunc non mutabitur, quia numquam fuit vera sed semper falsa. Ergo cum non inveniatur instans, in quo possit mutari propositio de futuro a veritate in veritatem, incommutabiliter erit vera, si aliquo modo ponatur vera.

Praeterea: Illud quo posito pro aliquo nunc inesse, de necessitate ponitur pro semper inesse, immutabiliter ponitur existere. Et hoc patet: quia praedicatum clauditur in subiecto; quod enim determinat sibi sempiternitatem in essendo in nullo tempore mutari potest. Unde immutabilitatem sibi determinat. Sed manifestum est, quod si propositio singularis de futuro pro aliquo instanti ponitur vera donec veritas illa transeat in praesens et a praesenti in praeteritum, quia si ista vera est hodie: Sortes erit, et heri fuit vera usque ad illud instans, quo Sortes ponetur, et tunc immutabitur veritas a futuritione in praesentialitatem et erit verum, quod Sortes est, et postmodum in praeteritionem, et erit verum deinceps in aeternum, Sortes fuit. Igitur si veritas ponatur in propositione de futuro pro aliquo instanti, veritas illa ponitur aeternaliter permanere, quia et pro toto tempore futuritionis, quod potest imaginari infinitum in ante, permanebit veritas illa in propositione de futuro, deinde in propositione de praesenti et deinceps in illa de praeterito in infinitum a parte post. Sic ergo patet quod si propositio de futuro contingenti vera est, immutabiliter vera est. Et tota ratio sumitur ex hoc, quod futurum non subest potentiae immutati potenti, quia quod futurum est nihil est, quando vero res ponitur in actu, si ponitur oppositum propositionis, iam in nullo instanti fuit vera illa propositio de futuro. Et sic non erit mutata. Si vero ponitur significatum eius, tunc etiam non erit mutata. Unde sicut impossibile est, quin praesens sit praesens, et quin praeteritum sit praeteritum, ita impossibile est quod si aliquid est futurum et hoc sit verum quod aliquid sit futurum quin immutabiliter sit futurum. Praedicatur enim in omnibus istis propositionibus idem de se.

Secundum vero assumptum etiam patet, quod scilicet immutabiliter sequatur, si propositio de futuro sit vera, quod eius significatum ponetur.

Illa namque consequentia necessaria est, ex cuius opposito consequentis sequitur oppositum antecedentis, ut patet 1º Priorum. Sed ex opposito istius: Significatum propositionis eveniet vel ponetur in esse, sequitur oppositum propositionis formatae de futuro. Unde si dicatur: Sortes erit, ergo istud eveniet et ponetur in esse; detur oppositum: Non eveniet nec ponetur, ergo sequitur, quod Sortes non erit. Hoc autem opponitur illi: Sortes erit, quae ponebatur vera; ergo consequentia immutabilis fuit et necessaria.

Praeterea: Quando per duas propositiones significatur idem sub aliis terminis, ex una infertur alia de necessitate. Sequitur enim: Si Marcus disputat, quod Tullius disputet, quia Marcus et Tullius synonyma sunt et significant idem. Sed futurum et venturum idem significant. Ergo de necessitate sequitur: Si Sortem esse est futurum, quod hoc eveniet. Et si haec vera est: Sortes erit, de necessitate istud est verum quod sic eveniet.

Ex his ergo demonstrative sequitur, quod omnia futura immutabiliter evenient, si propositio determinate de futuro sit vera. In omni enim consequentia necessaria et immutabili si consequens est contingens consequens potest remanere contingens. Sicut patet cum dicitur: Sortes currit, ergo movetur. Consequentia enim est necessaria sed antecedens et consequens sunt contingentia. Si vero antecedens est necessarium, consequens erit necessarium; si vero antecedens sit immutabile et inevitabile, consequens erit immutabile et inevitabile. Sed propositione ista: Sortes erit vel Antichristus, existente vera, sequitur de necessitate: ergo ita eveniet, ut patet ex secundo assumpto. Ex primo autem apparet quod antecedens est immutabile et inevitabile. Sed (?) veritas istius propositionis: Antichristus erit, si aliquo modo sit vera, ergo consequens erit inevitabile, unde immutabiliter ita eveniet. Et idem potest concludi de omni futuro. Ergo omnia futura immutabilia sunt et evitari non possunt. Hoc autem dicere dementissimum (?) est, ergo et illud unde sequitur, scilicet quod aliqua propositio de futuro sit vera. Unde ista non est vera: Antichristus erit, nec etiam ista: Antichristus non erit. Sed bene coniunctiva: Antichristus erit vel non erit.

[Obiectiones]

His tamen quae dicta sunt, aliqua videntur obviare.

Nam primum principium: De quolibet esse vel non esse, falsum esse non potest. Assumpta ergo propositione singulari, aut est vera vel non vera. Si vera habetur propositum; si non vera, ergo est falsa; quia verum et falsum sunt contraria immediata. Ex negatione autem unius contrarii immediati sequitur positio alterius in subiecto apto nato. Sequitur enim: Linea non est recta, ergo est curva. Sed constat quod omnis propositio est subiectum aptum natum recipere veritatem vel falsitatem. Ergo sequitur: Si singularis propositio de futuro non est vera, quod omnino sit falsa.

Praeterea: Lex contradictoriarum est, quod si una est vera, reliqua sit falsa; et quod de necessitate una sit vera reliqua vero falsa. Ergo necessario vel ista est vera: Antichristus erit, et reliqua falsa: Antichristus non erit, vel econverso, cum contradictorie opponantur.

Praeterea: Illa propositio est vera, ex qua sequitur propositio vera, quia verum non sequitur nisi ex vero, saltem in consequentia non syllogistica. Unde si consequens est verum, antecedens est verum. Sed haec propositio est vera: Antichristum esse est possibile; sequitur autem ex ista: Antichristus erit. Bene enim infertur: Antichristus erit, ergo Antichristum esse possibile est. Igitur illa propositio fuit vera: Antichristus erit.

Praeterea: Dato quod propositio de futuro sit vera determinate, tamen non necessario. Sed ponetur determinate non necessario. Hoc igitur sufficit ad salvandum consilium. Igitur non tollitur consilium, quamvis propositio sit vera.

Praeterea: Assumpto instanti futuro per intellectum in virtute primi principii verum est, quod in illo instanti Sortes erit vel non erit, quia de quolibet pro quolibet instanti dicitur vere affirmatio vel negatio, et de nullo simul. Sed si vere dicitur quod erit, propositio hoc affirmans erit vera; si vero non erit, propositio negativa erit vera; ergo semper vel affirmativa de futuro contingenti erit vera vel negativa.

[Responsio ad obiectiones]

Sed his non obstantibus dicendum est sicut prius. Ubi considerandum, quod veritas propositionis sumitur ex entitate rei, quia veritas signi sumitur ex conditione significati. Unde ab eo quod res est vel non est, dicitur oratio vel vera vel falsa, ut patet in praedictis. Constat autem, quod contingens ad utrumlibet nullam determinationem habet ad alterum ex ordine ad suas causas. Causae namque illud respiciunt sub omnimoda indifferentia. Tunc ergo primo determinatur contingens ad utrumlibet, quando actualiter ponitur et existit. Actualitas autem quae dat contingenti determinationem potest referri ad omne instans praecedens et distans in ante vel ad omne instans succedens et distans per posterius ab illa actualitate. Dat ergo actualitas determinationem contingenti in quolibet instanti sequente actualitatem, quamvis non sit in illis instantibus. Unde semper est determinate verum quod actualitas fuit, non dat autem sibi determinationem pro aliquo instanti praecedente. Unde numquam est determinate verum, quod erit. Trahitur enim determinatio quam dat actualitas contingenti ad instantia (m) subsequen-

tia non autem ad instantia praecedentia. Cuius ratio est, quia actualitas
respectu futurorum subsequentium ponit contingens extra suas causas.
Unde non remanet infra causalitatem alicuius nec cadere potest super
ipsum activa potentia. Econverso autem in omnibus instantibus, quae
praecedunt, relinquitur causalitas et actualitas contingens infra causalitatem et potentiam suorum principiorum. Illa autem sunt ad utrumlibet et
indeterminata, et per consequens determinatio ortum habens ab actualitate trahi non potest ad instantia quae praecedunt.

Potest etiam alia ratio assignari magis immediata: Quia quando aliquid oritur ex aliquo, sequitur ipsum et non praecedit. Determinatio
autem contingentis oritur ex actualitate, ut dictum est, ergo non potest
illa determinatio poni pro instantibus praecedentibus actualitatem, sed
pro sequentibus. Igitur cum natura contingentis omnino indeterminata
sit pro quolibet instanti praecedente suam existentiam actualem, necessario utraque pars contradictionis absque illa determinatione sibi deter-
minaretur (?) in nunc et ideo nulla propositio est vera nec etiam falsa.
Quia si falsa esset, pars opposita esset determinata. Et hinc est
quod haec propositio vera est: Sortes erit vel non erit; et ista falsa:
Sortes nec erit nec non erit; et ista vera: Aliquod istorum indeterminate eveniet, quod scilicet Sortes erit vel non erit; et illa falsa,
scilicet quod neutrum determinate eveniet. Haec tamen: Sortes erit,
neque vera neque falsa; similiter nec illa: Sortes non erit. Statim enim
dum haec concederetur, poneretur determinatio in ipso contingente,
quae ponibilis non est, immo repugnat suae naturae.

Non procedunt ergo instantiae.

Prima siquidem non, quia propositio de futuro contingenti sumpta
praecise sub altera parte contradictionis non potest esse subiectum veritatis vel falsitatis, alioquin res contingens esset determinata.

Non valet quoque secunda: quia licet lex contradictoriarum sit, quod
si una sit vera, reliqua sit falsa, non tamen est lex, quod una sit vera et
reliqua falsa semper, immo excipit Philosophus propositiones de futuro
contingenti 1° Perihermenias.

Non valet etiam tertia: quia haec propositio: Antichristum esse est
possibile, loquendo de possibilitate ad utrumlibet, non sequitur ex ista:
Antichristus erit. Immo veritas istius tollit illam. Si enim verum sit,
quod Antichristus erit, immutabiliter eveniet, ita quod ipsum esse pro
illo tunc non est possibile ad utrumlibet, immo penitus necessarium.
Sicut Sortem esse, dum est, necessarium est. Et haec patent ex praedictis. Unde Antichristum esse possibilem contingenter aequipollet isti:
Antichristus erit vel non erit. Haec autem: Antichristus erit vel non erit,
non sequitur ad illa[m]: Antichristus erit; et per consequens nec ista:
Antichristum esse est possibile ad utrumlibet sequitur ex illa.

Non valet etiam quarta: impossibile enim est quod aliquid determinate eveniat quin immutabiliter eveniat. Unde existente determinatione veritatis istius propositionis: (an) Antichristus erit, necessario ponitur immutabilitas eventus. Immutabilitas enim et necessitas idem sunt, ut inferius apparebit.

Non valet etiam quinta: quia pro nunc futuro non est vera affirmatio determinate vel negatio determinate, sed affirmatio vel negatio indeterminate, non autem utrumque simul vel negatio utriusque.

[*Dei notitia non dat propositioni de futuro contingenti, quod sit vera vel falsa.*]

Secunda vero propositio est quod notitia divina, quam de actualitatibus futurorum contingentium habet, non dat, ut propositio affirmativa praecise vel negativa praecise formata de futuro sit vera vel falsa, immo relinquet utramque neque veram neque falsam. Nulla enim notitia dat propositioni de futuro veritatem vel falsitatem nisi illa quae tendit in futurum ut distans per modum notitiae expectativae. Et ratio huius est, quia notitia, quae dat determinationem alicui pro aliquo instanti debet coexistere illi instanti; si ergo dat determinationem pro instantibus praecedentibus actualitatem, necessario debet illa notitia praecedere actualitatem et eam aspicere ut posteriorem et distantem et per consequens est notitia expectativa. Sed declaratum est supra, quod notitia Dei non est expectativa futuri, nec tendit in ipsum tamquam in distans; unde non praecedit actualitatem futuri; ergo non dabit determinationem illi actualitati pro aliquo instanti praecedenti; et per consequens nec propositio formanda habebit a divina notitia, quod sit vera vel falsa. . . .

Tertia quoque propositio est tenenda in hac materia pro regula generali, quod divina notitia non dat aliquid de futuro contingenti in futurum nisi quantum actualitas posita dedit toti tempori praecedenti. Haec autem sequitur ex praedictis, quia notitia divina non aspicit praeterita tempora nec futura ut ex suo modo possit inferri praeteritum vel futurum, nec dat determinationem aliquam rei, sed illam habet de re cognita, quam ipsamet res habet in se ex sua actuali positione.

APPENDIX V

Gregorius a Rimini
LECTURA IN I. SENTENTIARUM
d. 38, q. 1; ed. Paris, 1482

[*Opinio Aristotelis*]

Quantum ad primum sciendum quod Philosophus tractans in primo Perihermenias de enuntiationibus contradictoriis et ostendens qualiter se habent ad invicem secundum veritatem et falsitatem determinat, quod cuiuslibet contradictionis sive sit propositionum quarum una est universalis et alia particularis, sive propositionum singularium de praesenti vel de praeterito, una pars est determinate vera et altera determinate falsa. Sed non est sic de quibuslibet propositionibus contradictoriis de futuro singularibus, quia non de illis, quae sunt circa futura contingentia ad utrumlibet. Unde quantum ad hoc ponit ipse duas conclusiones.

Quarum prima est, quod non omnis propositio singularis de futuro categorica et de inesse de simplici praedicato affirmativa vel negativa est vera vel falsa, ita quod non cuiuslibet contradictionis de futuro haec pars determinate est vera vel illa, et similiter nec ista determinate vel illa est falsa, quia non contradictionis de futuro contingenti ad utrumlibet. Verbi gratia huius contradictionis: Antichristus erit, Antichristus non erit, nec haec pars determinate: Antichristus erit, est vera vel falsa, nec haec pars determinate: Antichristus non erit, est vera vel falsa. Et intelligendum est dictum Philosophi de propositionibus singularibus, quarum subiecta sunt simplicia, videlicet vel pronomina demonstrativa praecise ut hoc, istud vel illud, vel nomina propria, ut Plato et Antichristus. Nam habentium subiecta composita multae sunt falsae et oppositae sunt verae. Verbi gratia, si demonstretur unus Aethiops et dicatur: Hoc album disputabit cras, constat ipsam esse falsam et eius oppositam scilicet hanc: Hoc album non disputabit cras, esse veram, eodem demonstrato. Similiter si Aethiops quidam vocetur Plato, haec determinate est falsa: Plato albus disputabit cras, et eius opposita est vera, sumpto hoc nomine Plato utrobique pro Aethiope illo.

Secunda conclusio Philosophi est, quod licet neutra talium determinate vera sit, non tamen propositio singularis negativa de copulato

125

praedicato ex praedicatis illarum ambarum est vera. Verbi gratia, quamvis nec haec sit vera: Antichristus erit, nec ista: Antichristus non erit,
ista tamen non est vera: Antichristus neque erit neque non erit; quod
tamen posset aliquibus apparere sequi ex primo.

Primam conclusionem sic intellectam probat Philosophus dupliciter.
Primo sic: si omnis, inquit ipse, affirmatio vel negatio vera vel falsa
est, et omne necesse est esse vel non esse. Hanc consequentiam probat
dupliciter: prima probatio in hoc fundatur quod semper veritatem propositionis concomitatur esse rei ita quod semper sic est vel non est,
sicut propositio enuntiat, si est vera, quaecumque propositio sit illa;
et econverso esse rei concomitatur veritas propositionis enuntiantis sicut
est, non esse autem rei sequitur falsitas propositionis et econverso. Unde
ait: "Quoniam si verum est dicere, quoniam est album vel non est album,
necesse est album vel non album esse; et si est album vel non est album,
verum est affirmare vel negare, et si non est, mentitur — supple affirmans
— et si mentitur, non est." Unde Boethius* exponens ait sic: "Quod de
futuro possit esse iudicium, a praesentibus trahit exemplum, ait enim
hanc esse rerum consequentiam, ut rem subsistentem propositionis veritas consequatur veritatem propositionis rei, de qua loquitur propositio,
essentia concomitatur." Et infra: "Veritas quidem rei, quae est, et res
quae est, veritati, falsitas vero rei quae non est et res, quae non est,
falsitati convertitur." Si ergo affirmatio est vera, ita erit, et si negatio
est vera, ita non erit. Sic igitur nihil erit ad utrumlibet. Nam ad utrumlibet, ut ait ibi Philosophus, "nihil magis vel sic vel non sic se habet,
aut habebit." Et Boethius:** "Utrumlibet est cuius eventus [dubius
est] vel indistinctus id est quod aequaliter esse vel non esse convenit."
Si autem nihil ad utrumlibet, ergo quodlibet necessario erit vel necessario non erit.

Secundo probatur eadem consequentia: "Quia si omnis affirmatio
vel negatio," etc., tunc, inquit Philosophus, "si aliquid est nunc album,
verum erat dicere primo quoniam erit album et semper fuit verum
dicere, quodlibet eorum quae facta sunt quoniam erit; quod si semper
verum est dicere, quoniam est vel erit, non potest hoc non esse vel non
futurum esse. Quod autem non potest non fieri, impossibile est non
fieri, et quod impossibile est non fieri, necesse est fieri. Omnia ergo,
quae futura sunt, necesse est fieri."

Et probata ista consequentia probat Philosophus illud consequens
esse falsum, quoniam alioquin non oporteret de futuris consiliari neque
negotiari. Quoniam si facimus hoc, illud erit, si non facimus, nihilomi-

_____

*In librum De Interpretatione (ed.   **L.c., col. 333, D.
prima, *PL*, t. 64, col. 332, B).

nus erit; quoniam nihil prohibet in millesimum annum hunc dicere,
quoniam illud erit, hunc vero negare. Et si nullus hoc diceret, nihilo-
minus illud erit vel non erit, quia non propter nostrum affirmare vel
negare illud erit vel non erit. Unde, ut ait ibi Boethius,* "sive dicatur
aliquid sive non, quidquid vere praedici potuisset illud etiam si non
praedicitur, evenire necesse est. Idcirco enim vere praedicitur quia vere
praedici potest. Et idcirco vere praedici potest, quia immutabiliter futurum est." Patet etiam falsitas consequentis, ut ait Philosophus, quia
manifestum est nos esse principium futurorum et dominos actuum no-
strorum, multa posse esse et non esse et non omnia ex necessitate enun-
ctare [evenire!] sicut declarat per exempla.

Secundo probat Philosophus eandem conclusionem iuxta finem dicti
libri sic. Sicut se habent res ad esse vel non esse, sic orationes enun-
tiantes illas esse vel non esse ad veritatem vel falsitatem; sed futura contingentia sunt indeterminata ad esse et non esse simpliciter; ergo et ipsae
orationes indeterminatae sunt, et non plus haec, quae enuntiat rem futuram esse, est vera quam illa, quae enuntiat eam non esse futuram, nec
econverso. Et sic patet prima conclusio.

Secundam conclusionem probat Philosophus in illa parte: "At vero
quoniam neutrum," etc., dupliciter. Primo quia si haec esset vera:
Antichristus neque erit neque non erit — sumatur gratia exempli haec
— sequitur quod non cuiuslibet contradictionis, si una pars est falsa,
altera est vera; quinimmo continget quod alicuius contradictionis una
pars erit falsa et reliqua erit non vera, quod est contra primum principium. Consequentia vero patet, quia si haec est vera: Antichristus
neque erit neque non erit, ergo haec affirmativa: Antichristus erit, est
falsa, quia ipsa affirmat illud, quod illa in sua prima parte negat vere;
sed probatum est in prima conclusione, quod illa non est vera: Antichristus non erit; ergo harum duarum contradictoriarum affirmativa est
falsa et negativa non est vera. Et eodem modo probatur quod negativa
est falsa et affirmativa non vera; quia si haec est vera, Antichristus neque
erit neque non erit, ergo propter hoc, quia dicitur "neque non erit,"
sequitur, quod haec sit falsa: Antichristus non erit. Et probatum est in
prima conclusione, quod haec non est vera: Antichristus erit; ergo
huius contradictionis non est vera affirmativa, cum tamen negativa sit
falsa. Quod pariter repugnat primo principio, cuius lex est, quod si
una pars est falsa, reliqua est vera, quaecumque sit illa.

Hanc rationem ponit Philosophus, cum ait: "Primum enim cum sit
affirmatio falsa, erit negatio non vera et cum sit haec falsa — scilicet negatio — contingit affirmationem non esse veram." Amplius si illa sit

*L.c., 337, A.

vera, sequitur, sicut dicit Boethius,* quod ambae erunt falsae, quia nec
esset, quod affirmatio dicit esse futurum, nec non esset, quod negatio
non esse praedixit. Et sic utraque est falsa, quod est impossibile.

Secundo probat Philosophus eandem conclusionem quia si illa esset
vera sequitur quod tale futurum ex necessitate erit et non ad utrumlibet. Consequentiam probat per fundamentum primae rationis ad primam conclusionem, quoniam sicut in praedicatis simplicibus dictum est,
quia si verum est dicere, quod hoc est album, oportet illud esse album,
et eodem modo si de futuro dicatur, sic etiam est in praedicatis com-
positis. Et ideo ait, quod "si verum est dicere de aliquo quoniam est
album et magnum, oportet utrumque esse." Et similiter, si verum erit
cras, oportet esse cras. Id est, si verum est dicere de aliquo quod erit
album et magnum cras, oportet ipsum esse album et magnum cras;
ergo si verum erit dicere quod neque erit neque non erit, oportet ipsum
neque fore neque non fore, et sic non erit ad utrumlibet, id est contingens fore et non fore.

Tunc Philosophus concludit conclusionem primam, quae est principaliter intenta, quoniam secunda non principaliter sed potius ad ex-
cludendum oppositam, quae videretur forsitan alicui sequi ex prima,
introducta fuit, dicens: "Quae ergo contingunt inconvenientia haec sunt
et huiusmodi alia, si omnes affirmationes et negationes vel in his quae
in universalibus dicuntur universaliter vel in his quae sunt singularia,
necesse est oppositarum hanc esse veram, illam vero falsam."

Ex his ergo patet ipsum voluisse, quod alicuius oppositionis contradictoriae non est haec pars demonstrata vera et illa falsa aut econverso. Sed cum ipse in principio huius inquisitionis dicat, quod in his,
quae sunt et quae facta sunt, id est praesentibus et praeteritis, necesse
est affirmationem vel negationem veram esse vel falsam esse, in universalibus quidem semper hanc universaliter quidem veram illam vero
falsam et in his etiam, quae sunt singularia, id est in contradictoriis
singularibus, constat quod in oppositionibus contradictoriis de futuro
saltem, quae sunt singulares, non haec determinate sit vera et illa falsa,
quod et statim explicite ibidem ipse proposuit. Et consequenter sicut
ex recitatis patent prolixe probare conatus est. Et eandem prorsus sententiam concludit in fine illius libri.

Sed advertendum quod quamquam Philosophus dicat quod non cuiuslibet contradictionis haec est vera, illa vero falsa, tamen cum hoc vult,
quod cuiuslibet contradictionis altera est vera et altera falsa, nec umquam
invenitur dicere, quod non cuiuslibet contradictionis altera est vera et
altera falsa, sed semper cum signo singulari vel cum pronomine demon-

---

*ad sensum, l.c. col. 335, A-B.

strativo, numquam autem cum particulari, quale est alter vel altera. Quinimmo cum tali signo dicit expresse oppositum etiam in contradictionibus singularibus de futuro ad utrumlibet. Unde de talibus loquens circa finem ait: "Horum enim necesse est quidem alteram partem contradictionis esse veram vel falsam, non tamen hoc vel illud sed utrumlibet," id est non tamen hanc designatam vel illam sed unam vel alteram indistincte. Ex quo manifeste patet quod demonstratis quibuscumque duobus contradictoriis singularibus de futuro, haec particularis secundum Philosophum est vera. Altera harum duarum est vera, et tamen nulla eius singularis est vera, ita quod non contingit dicere: Haec est vera, sive haec sive illa demonstratur. Et similiter haec particularis est vera: Altera istarum est falsa, et tamen non habet aliquam singularem veram, quoniam non convenit vere dici: Haec est falsa, sive demonstretur affirmativa sive negativa.

Ex istis autem patet evidenter, quod opinio fuit Philosophi, quod nulla propositio singularis de futuro contingenti est determinate secundum se sumpta vera vel falsa. Et miror multum, quomodo aliquis intelligens putet Philosophum illud non sensisse, praesertim saltem tamen [melius: cum] oppositum dicentes nullum textum vel sententiam Philosophi ad probationem sui dicti adducant vel adducere possint. Quod autem dicunt quidam non esse verisimile ipsum sic errasse, cum multa manifesta inconvenientia ex hoc sequantur, ex hoc apparenter est amicabilis excusatio, sed potius secundum veritatem accusatio, quoniam sequela inconvenientium non eum illud non sensisse sed non debuisse sensisse convincit.

Praeterea constat, quod etiam Tullius, tam magnus philosophus, qui propter rationem supra factam Philosophi negavit omnem praescientiam futurorum, ut patebit in quaestione sequenti, habuit etiam in praemissa conclusione cum Philosopho convenire.

Item moderni magni doctores dixerunt conclusionem Philosophi non solum fuisse de intentione Philosophi, sed etiam esse verissimam et utique demonstrativam, propter quod non sic excluditur ex toto verisimile quod Philosophus illam fuerit opinatus, quamquam ipsa sit falsa. Cui etiam accedit, quod in pluribus aliis turpissime erravit, et in aliquibus etiam sibi contradixit, ut patet in conclusione praecedenti.

[Opinio Petri Aureoli]

Supradictam quoque conclusionem, quam nullus debet dubitare fuisse Philosophi, quidam doctor dicit esse verissimam et ad eius oppositam necessario sequi inconvenientia, ad quae deducit Philosophus. Unde ad eius declarationem probat duas conclusiones.

Quarum prima est, quod si talis propositio est vera, illa immutabiliter et inevitabiliter est vera. Secunda, quod ex illa inevitabiliter et necessario sequitur, quod tale futurum necessario ponatur in esse. Prima probatur dupliciter. Primo quidem, quia si ipsa mutari potest, ne sit vera, aut ergo in instanti, quo est vera, aut in praecedenti, aut in sequenti usque ad instans, in quo res fiet, aut in instanti, in quo res fiet. Nec potest dici primum, quia tunc in eodem instanti esset vera et non esset vera. Nec secundum. Tum quia in instanti dato est vera, ergo et in omni praecedenti fuit vera, et ita si tunc mutari poterat in falsitatem, poterat simul esse vera et non vera. Tum quia si in instanti praecedente mutaretur, sequitur, quod ante amitteret veritatem, quam haberet, quod nihil est dictu. Nec tertium dici potest, quia si in aliquo tali instanti, utpote cras, sit falsa, impossibile est, quod fuerit heri vera; detur enim oppositum, scilicet quod fuerit heri vera et hodie falsa, hoc erit propter aliquam mutationem factam in re; sed hoc est falsum, quia nondum res est nec subest alicui potentiae in actu et per consequens, cum nihil mutetur circa rem, nihil mutabatur circa propositionem. Nec valet dici quartum, scilicet quod in instanti, in quo res fiet, mutetur propositio a sua veritate. Tum quia veritas illa transit in praeteritum; nam usque ad illud instans verum fuit, quod illud erit, quod autem transit in praeteritum, incommutabile est, ut patet 6° Ethicorum: "Hoc solo privatur Deus," etc. Tum etiam, si tunc mutetur, aut hoc erit quia significatum eius poneretur in esse, et sic non mutabitur, sed potius confirmabitur in sua veritate, aut oppositum sui significati ponetur in esse, et tunc etiam non mutabitur, quia sequitur quod numquam fuit vera sed semper falsa.

Cum ergo in nullo instanti talis propositio possit mutari a veritate in falsitatem, necessario est immutabiliter vera si ipsa est vera.

Secundo sic. Illud quo posito in esse pro aliquo instanti ponetur pro semper in esse, si pro aliquo instanti ponatur esse, ponitur immutabiliter esse. Patet, quia illud, quod sibi determinat sempiternitatem in essendo, in nullo tempore mutari potest; sed si propositio de futuro pro aliquo instanti ponitur vera, ponitur pro semper vera. Nam si pro aliquo instanti est vera, pro quolibet instanti praecedenti et subsequenti, quamdiu suum significatum est futurum, est vera. Et tunc in instanti, quo illud ponitur, transit a futuritione in praesentialitatem, et est verum, quod illud est, et postea in praeteritionem, et erit verum deinceps in aeternum, quod illud fuit, et sic perpetuibiliter illa veritas permanebit. Si ergo propositio de futuro ponitur pro aliquo instanti vera, est immutabiliter vera.

Secunda propositio probatur. Quia sequitur consequentia necessaria: propositio de futuro est vera, igitur tale futurum ponetur in esse.

Hoc probatur dupliciter. Prima, quia ex opposito consequentis sequitur oppositum antecedentis. Sequitur enim: Tale futurum — verbi gratia, Sortes erit — non ponetur in esse, ergo Sortes non erit; et ultra, ergo haec non est vera: Sortes erit, et ita universaliter sequitur futurum, quod propositio enuntiat futurum, non erit vel non ponitur in esse; ergo illa propositio de futuro non est vera.

Secundo idem probatur. Quia idem penitus significant futurum et venturum; ergo si aliquid esse est futurum, sequitur quod illud eveniet, et si haec est vera: Aliquid, verbi gratia, Sortes erit, demonstrata, haec est vera: Sortes eveniet, et ponetur in esse, et sic patet, quod haec consequentia est etiam necessaria: Propositio de futuro est vera, ergo tale futurum ponetur in esse; ergo si antecedens est immutabile et inevitabile, consequens est immutabile et inevitabile. Probatum est autem supra, quod si propositio de futuro est vera, ipsa est immutabiliter vera; igitur si propositio de futuro est vera, futurum inevitabiliter ponetur in esse, et sic nihil contingenter eveniet, ut deducebat Philosophus. Et hoc quantum ad primum articulum.

[*Contra opinionem Aristotelis*]

Nunc secundo videndum, quid secundum veritatem sentiendum est de quaesito. Et circa hoc pono octo conclusiones.

Prima est, quod omnis propositio singularis de futuro est vera vel falsa, ita quod cuiuslibet talis contradictionis contingit vere dici haec pars determinate est vera et illa falsa, quamvis nos quae sit determinate vera vel falsa nesciamus. Et hanc conclusionem probo primo ex eodem principio super quo Philosophus principaliter sustentatus est improbando conclusionem oppositam, videlicet quod veritatem propositionis sequitur esse rei et econverso, et non esse rei concomitatur falsitas propositionis et econverso. Quod quidem tenet in qualibet materia et in cuiuslibet temporis propositionibus secundum Philosophum, ut supra patet. Sumo ergo istam gratia exempli: Antichristus erit, et arguo sic. Haec est vera aut non est vera. Si est vera, habeo propositum; si non, tunc sic sequitur: Haec: Antichristus erit, non est vera, ergo Antichristus non erit; et antecedens est verum per responsionem, ergo et consequens erit verum; ultra ergo haec est falsa: Antichristus erit per legem contradictoriarum, qua etiam Philosophus supra in secunda conclusione usus est, videlicet si una est vera, reliqua est falsa, et econverso. Et sic habetur propositum, scilicet quod haec: Antichristus erit, est vera vel falsa, quia sequitur: Haec est falsa, ergo est vera vel falsa. Similiter ex alio habetur intentum, quia opposita est una singularis de futuro, et est vera, ut conclusum est. Quod autem sequatur, haec non est vera:

Antichristus erit, ergo Antichristus non erit, sicut assumptum est primo,
patet, quia ex opposito consequentis sequitur oppositum antecedentis;
sequitur enim per principium assumptum de mutua consequentia rei
ad veritatem propositionis: Antichristus erit, ergo haec est vera: Antichristus erit, et per consequens contradicit illi antecedenti.

Secundo ex eodem principio arguo sic. Aut haec propositio: Antichristus erit, est vera, et habeo propositum; aut non, et tunc arguo: Si
haec non est vera, ergo Antichristus non erit, patet ex proxima probatione per illud assumptum; et ultra per aliquod principium, quia scilicet non esse rei concomitatur falsitas in his propositionibus, sequitur:
Antichristus non erit, ergo haec est falsa: Antichristus non erit, ergo,
quidquid sequitur ad consequens, sequitur ad antecedens, sequitur:
Haec: Antichristus erit, non est vera, ergo haec: Antichristus erit, est
falsa; et si sic, ergo eius opposita est vera. Et ex eodem principio sequitur, si non, utraque secundum se sit vera vel falsa. Et sic contradictoriae erunt simul verae et simul falsae, quod est simpliciter falsum et
inconveniens, et Philosophus [ipse]met in hac materia reputat etiam
impossibile, ut patet in probatione suae secundae conclusionis. Quod
autem utrumque sequatur, probo et ut brevius fiat, sit A ista propositio: Antichristus erit, et sit B opposita, scilicet Antichristus non erit,
et ita in sequentibus supponant A et B pro illis propositionibus. Tunc
sic: A non est vera, ergo A est falsa, patet ex praemissis rationibus. Item
B non est vera, ergo B est falsa, patet eodem modo, et sic ambae falsae.
Et ulterius sic: A est falsa, ergo per legem contradictoriarum B est vera,
et per idem sequitur B est falsa, ergo A est vera, et sic ambae simul
verae et ambae simul falsae.

Secundo ad idem ex alio principio verissimo et firmissimo, videlicet
quod contradictionis non est dare medium per abnegationem, quod idem
Philosophus dicit esse verissimum 4° Metaphysicae* iuxta finem, et negantes hoc ipse improbat ibidem. Unde postquam probavit contradictoria non contingere esse simul vera satis cito subdit: "at vero nec
contradictionis medium nihil esse contingit, sed necessarium, aut dicere
aut negare unum de uno, quodcumque sit illud."

Item in proposita materia vult idem principium esse verum. Unde
in secunda conclusione dicit et probat quod non vere dicitur de aliquo
contingenti, quod neque erit neque non erit. Ex hoc [arguo] sic: impossibile est esse medium hoc modo inter contradictoria aliqua, ergo impossibile est aliquam propositionem esse neque veram neque falsam; ergo A
non est neque vera neque falsa, et per consequens est vera vel falsa, et
ita de B et de qualibet singulari demonstrata potest inferri. Secunda

*Met. IV, 7, 1011GL5 seqq.

consequentia patens est, et primam probo sicut ipse Philosophus, ubi supra, 4º Metaphysicae* probat antecedens; sumit enim pro principio definitionem veri et falsi, dicens: "Dicere namque ens non esse aut hoc [scilicet non ens] esse falsum, aut enim ens esse aut non ens non esse verum." Ex quo patet quod quaelibet propositio enuntians esse, quod est, vel fuisse, quod fuit, aut futurum esse, quod erit, vel non esse, quod non est, vel non fuisse, quod non fuit, aut non fore, quod non erit, est vera; secus autem est falsa. Si ergo sit impossibile aliquam propositionem esse neque veram neque falsam, sit illa gratia exempli A, tunc arguo A non est vera neque falsa, ergo neque Antichristus erit neque Antichristus non erit. Patet, quia si non sequitur, stabit oppositum, scilicet vel Antichristus erit vel Antichristus non erit. Si igitur Antichristus erit, ergo A enuntiat fore illud quod erit, et per consequens est vera, et repugnat antecedenti. Si vero Antichristus non erit, ergo ipsa est falsa, quia enuntiat fore, quod non erit, quod etiam antecedenti repugnat; et per consequens primum consequens sequebatur, scilicet neque Antichristus erit neque Antichristus non erit. Ex quo ultra sequitur: Antichristus neque erit neque non erit; ergo habetur medium in contradictione.

Forsitan concedet quis istam consequentiam: A non est vera neque falsa, ergo neque Antichristus erit neque Antichristus non erit, sed ulteriorem negabit, in qua infertur ista categorica de praedicato copulato: Antichristus neque erit neque non erit. Contra: Primo quidem ex concesso habetur propositum, quia ex quo ista est impossibilis: Neque Antichristus erit neque Antichristus non erit, ergo ista, ex qua sequitur, est impossibilis, quod est propositum. Quod autem haec sit impossibilis, patet quia ex ipsa sequitur, quod utraque contradictoria sit falsa. Sicut etiam patet per probationem Philosophi ac etiam Boethii supra in prima ratione secundae conclusionis. Illud autem repugnat primo principio ac etiam ipsi Philosopho 4º Metaphysicae,* ac etiam ubi supra, qui reputat impossibile, quod si una contradictoriarum sit vera, reliqua non sit falsa et econtra. Secundo, quia secunda consequentia etiam est necessaria, ex eo quod semper ex copulativa, cuius partes sunt duae singulares de inesse negativae, ad categoricam singularem etiam de inesse negativam de praedicato copulato ex praedicatis partium copulativae et de eodem subiecto est necessaria consequentia. Verbi gratia: Sortes non scribit neque Sortes disputat, ergo Sortes neque scribit neque disputat. Nec est possibile instantiam reperire in aliqua materia.

Praeterea oppositum consequentis, videlicet haec: Antichristus erit vel non erit, nullo modo est compossibile cum ista: Neque Antichristus

---

*L.c.

erit neque Antichristus non erit, sicut patet cuilibet intuenti; ergo ista consequentia est bona.

Praeterea, probo istam principalem consequentiam ex eodem fundamento sic: Si A non est vera, cum ipsa enuntiet Antichristum fore, ergo Antichristus non erit; et si ipsa non est falsa, ergo nec Antichristus non erit; ergo si ipsa non est vera neque falsa, ergo Antichristus, quem enuntiat fore, neque erit neque non erit.

Et duae primae consequentiae patent ex definitionibus veri et falsi, et tertia est evidens, quia utrumque antecedens infert propositum consequens.

Praeterea, Philosophus per hoc praecise, quod omnis affirmans vel negans necessario verum dicit vel mentitur, probat quod nullius contradictionis est medium; ergo eum oportet ulterius concedere, quod omnis enuntiatio sit vera vel falsa.

Praeterea, ipse ibidem probans nullius contradictionis esse medium arguit, quod si alicuius ponatur, eadem ratione et cuiuslibet ponetur, nisi quis loquatur ad libitum. Unde ait:* "Amplius praeter omnes oportet esse medium contradictionis nisi orationis causa dicatur." Ita in proposito, si alicuius contradictionis negatur hanc esse veram, illam vero falsam, eodem modo dici poterit in qualibet, sive sint propositiones de praesenti sive de praeterito. Et certum est, quod numquam illud poterit reprobari, quam in illis de futuro, quoniam non poterit argui efficaciter nisi virtute primi principii, quod quidem aequaliter valet vel non valet in omnibus, quapropter ista peroptime inferunt primum principium.

Praeterea, sicut contradictionis singularium categoricarum de futuro contingenti negant hanc determinate esse veram, illam vero falsam, pariter poterit negari, quod contradictoriarum de futuro contingenti, quarum una sit universalis, reliqua particularis, simpliciter [similiter!] hypotheticarum ut copulativae et disiunctivae et universaliter quarumcumque contradictoriarum circa futura contingentia haec determinate sit vera, illa vero falsa. Et per consequens, universaliter excludi poterit primum principium a materia futurorum ac per nihil certum poterit affirmari vel negari de eis, quod etiam ipsi Philosopho repugnat.

Tertio principaliter ex alio principio ab omnibus et a Philosopho etiam in hac materia concesso, scilicet quod impossibile est aliqua contradictoria esse simul vera, in quacumque materia formentur, arguo principaliter ad conclusionem sic. Sequitur: A non est vera neque falsa, ergo Antichristus erit et Antichristus non erit; ergo si antecedens est verum, cum consequens includat duas contradictorias, duae contra-

*L.c.

dictoriae erunt simul verae. Probo autem consequentiam primam. Quia si A non est vera, cum sit propositio affirmativa; ergo enuntiat fore, quod non erit, patet ex definitione veri, et non enuntiat fore nisi Antichristum, ergo Antichristus non erit; si quoque ipsa non est falsa, ergo enuntiat fore illud, quod erit, patet, quia ex quo enuntiat Antichristum fore, si Antichristus non erit, est falsa, patet ex definitione falsi, ergo ex opposito consequentis, scilicet non est falsa, sequitur oppositum antecedentis, scilicet Antichristus erit.

Quarto, ista positio repugnat aliis principiis in se veris et a Philosopho alibi concessis tamquam certissimis. Primo quidem, quia sicut supra, demonstratis quibuscumque singularibus de futuro contradictoriis, haec particularis est vera, altera illarum est vera. Si ergo, ut dicit, nec haec demonstrata est vera nec illa, sequitur quod est aliqua particularis vera, cuius sunt aliquae singulares et nulla tamen est vera. Patet. Sed hoc expresse repugnat sibi 1° Priorum iuxta principium, ubi probans conversionem propositionum et primo quidem universalis negativae tandem ad hoc virtualiter reducit, quod si particularis est vera affirmativa, oportet quod praedicatum verificetur de subiecto pro aliquo singulari demonstrato, et per consequens quod aliqua singularis eius sit vera. Verbi gratia, convertatur ista: Nullum B est A, nullum A est B, probat, quia si non, sequitur oppositum; detur, scilicet aliquod A, ut C, est B, tunc non erit verum, ut ait, quod nullum B est A, quia C, quod est B, est A, et per consequens B est A, quod est oppositum primi Constat autem, quod totum hoc sustentatur in eo, quod designatur aliquod singulare sub A, de quo verificatur B. Unde et Averroes* ibidem sumpto opposito primi consequentis, scilicet hoc quoddam A est B, "ponamus," inquit, "illud aliquod sensibile, sitque C," etc.

Si autem dicatur, quod non oportet dare aliquod singulare significatum sub A, probatio: nulla erit. Nam illae duae non formaliter contradicunt: Nullum B est A, quoddam A est B, quare non probabitur conversio illa, et per consequens nec econverso alicuius alterius propositionis, cum quaelibet probetur ultimate per conversionem universalis negativae. Et ultra sequitur, quod omnis perfectio syllogismorum, qui per conversionem perficiuntur, sit invalida et infirma, et sic tollitur magna pars logicae et doctrinae Philosophi.

Unde in hac materia haec conversio et consequentia posset negari: Nulla propositio singularis categorica de futuro contingenti est vera propositio, ergo nulla propositio vera est propositio singularis categorica de futuro. Nam oppositum consequentis non repugnat antecedenti

---

*L.c. c. 2; editio Iunta, Venetiis, 1552, t. I, f. 54 vb.

formaliter, nec dabitur aliqua singularis, ex qua posset inferri oppositum antecedentis. Nec potest dici, quod per propriam conversionem habetur oppositum antecedentis, quia, ut dictum est, quaelibet alia propositio convertitur virtute conversionis universalis negativae, sicut patet 1º Priorum; sed negare illam conversionem certum est non esse bene logicum.

Praeterea, sequitur unum de duobus, videlicet quod erit aliqua propositio universalis falsa, cuius quaelibet singularis est vera, vel duae contradictoriae simul verae, quod est absurdum. Dico [de] secundo, quod patet ratione primi principii; de primo autem, quia per propositionem universalem, si est affirmativa, non denotatur, nisi quod praedicatum affirmetur vere de quolibet singulari sui subiecti, aut quod vere negatur a quolibet singulari sui subiecti, si sit negativa. Et ideo universalis et copulativa ex omnibus eius singularibus semper convertitur, et impossibile est unam esse veram, quin reliqua sit vera, et econverso. Propter quod et commune dictum est, quod ad veritatem universalis sufficit quamlibet singularem eius esse veram. Sed consequentiam probo: Nam demonstratis gratia exempli A et B, secundum Philosophum haec est vera, quae est contradictoria primae, et sequitur secunda pars consequentis, aut ipsa est falsa, quod dicere oportet, cum eius contradictoria ponatur vera, et tunc sequitur prima pars consequentis, quia utraque singularis eius est vera. Nam haec est vera: Haec, demonstrata A, non est vera. Et similiter haec est vera: Haec, demonstrata propositione B, non est vera. Et istae sunt singulares istius universalis: Neutra istarum est vera, demonstratis A et B.

Item sequitur ex hac opinione Philosophi, quod aliqua disiunctiva erit vera, cuius nulla pars erit vera, quod etiam videtur inconveniens logico. Consequentia patet: Nam haec copulativa est falsa: Antichristus non erit neque Antichristus non erit. Nam ex ipsa sequitur, quod duae contradictoriae sint simul verae, sicut supra per Philosophum in sua secunda conclusione et Boethium declarabatur, quod ex ista de copulato praedicato Antichristus neque erit neque non erit, sequitur, quod duae contradictoriae sunt simul falsae, et aeque patenter nihil plus sequitur ex ipsa copulativa. Cum ergo ipsa sit falsa, sequitur per legem contradictoriarum, quod eius contradictoria est vera. Ea autem est ista disiunctiva: Vel Antichristus erit vel Antichristus non erit, cuius neutra pars est vera secundum Philosophum.

Ultimo specialiter contra Doctorem illum consentientem in opposita conclusione Philosopho arguo theologice. . . .

[Omitting a long passage, we immediately add Gregory's explanation of the principle: *Omne quod est quando est necesse est esse.*]

Ad quartum dico, quod ista dictio "quando" potest stare in dicta propositione adverbialiter vel coniunctionaliter, ita quod aequivalet huic coniunctioni "si." Nam, ut dicit Boethius 1° Libro de Syllogismis Hypotheticis,* ita potest fieri conditionalis cum hac conditione "cum," sicut cum hac conditione "si." Unde ita est conditionalis ista: Cum homo est, animal est, sicut ista: Si homo est, animal est, et sunt eiusdem potestatis, ut dicit. Et idem iudicium potest esse de "quando" sicut de "cum." Si vero ly quando stet ibi adverbialiter, vel ista propositio sumetur in sensu composito et sic est vera. Nam per ipsam denotatur, quod haec sit necessaria: Omne quod est, quando est, est, et hoc est verum, licet non habeat aliquam singularem necessariam praeter hanc: Deus vel homo, demonstrato eo quod est Deus, est, quando est; nam quolibet alio demonstrato singularis quaecumque est contingens, verbi gratia ista: Hoc, demonstrato Petro, est, quando est, est contingens. Nam Petro non existente ipsa est falsa; et ita quaelibet alia. Vel ista propositio sumitur in sensu diviso, et hoc adhuc dupliciter contingit: quia vel ipsa est temporalis, et tunc aequivalet huic copulativae: Omne quod est aliquando est, et omne tale tunc est necesse esse, et sic ipsa est falsa, sicut et secunda pars huius copulativae, quia nulla res praeter Deum aliquando est necesse esse. Vel potest esse de temporali extremo, et tunc vel de temporali subiecto, et sic totum hoc: Omne quod est, quando est, erit subiectum, et reliquum erit praedicatum, quod denotatur verificari de illo subiecto cum modo necessitatis. Et sic etiam est falsa, quod patet arguendo sic: Omne quod est, quando est, necesse est esse; sed Petrus est, quando est, ergo Petrum necesse est esse. Minor est vera, ponatur quod Petrus sit aliquis homo actu existens, et tamen conclusio est falsa. Vel potest esse de temporali praedicato, et tunc hoc tantum [*totum*]: "Quod est," erit subiectum et reliquum praedicatum. Et sic adhuc dico, quod est falsa, quamvis aliqui dicant oppositum, sic arguendo: Omne quod est, necesse vel de necessitate est quando est, sed Petrus est, ergo Petrus de necessitate est, quando est; quae conclusio est falsa. Et idem iudicium est, si dicatur: Omne quod est, de necessitate est, quando est, quia tunc sequeretur, quod Petrus de necessitate esset, quando est, et pariter erit falsa. Cuius ratio est, quia cum ista sit singularis habens pro subiecto nomen proprium praecise, si ipsa est vera in sensu diviso, est etiam vera in sensu composito, et per consequens haec erit necessaria: Petrus est, quando est; sed constat quod hoc est falsum. Nam posito quod Petrus non sit, sicut est possibile, tunc ipsa erit falsa. Nam sequitur Petrus est, quando est, ergo Petrus est aliquando, et ultra, ergo Petrus est, et constat, quod tunc consequens est

---

*L.c., *PL,* t. 64, col. 834, C.

falsum, ergo et antecedens. Et ideo dico, quod si ista propositio: Omne quod est, etc., sumatur in sensu diviso et ly quando stet adverbialiter, quomodocumque accipiatur, ipsa est falsa.

Si vero ly quando stet coniunctionaliter modo praemisso, sic dico, quod ista propositio potest esse conditionalis vel de conditionato extremo. Si sit conditionalis, tunc ly necesse potest denotare consequentiam esse necessariam, et tunc propositio est vera. Nam haec est necessaria: Omne quod est, si est, est, vel sic: Si omne, quod est, est, ipsum est. Et potest denotare necessitatem consequentis, et tunc denotatur, quod si aliquid est, quodcumque sit illud, quod ipsum de necessitate est. Et patet, quod hoc sit falsum. Si vero sit de conditionali subiecto, tunc etiam est falsa, quia denotatur per eam, quod de quocumque dicitur hoc subiectum conditionatum "est si est," dicitur hoc praedicatum "est" cum modo necessitatis, quod est falsum. Nam vere dicitur, quod Petrus est si est, et tamen haec est falsa: Petrus de necessitate est. Sed si praedicatum sit conditionale, tunc propositio est vera, quoniam tunc eius subiectum est tantum hoc: quod est, et denotatur, quod de quocumque dicitur "est," dicatur mediante modo necessitatis "est si est," et hoc est verum. Unde quocumque quod est demonstrato, haec est vera: Hoc, demonstrato aliquo, de necessitate est si est. Ex qua non sequitur, ergo hoc de necessitate est; sed est fallacia secundum quid ad simpliciter. . . .

INDEX OF NAMES